Theresa Manitz

Schönheitsbilder in Frauenzeitschriften

Eine soziologische Analyse

Diplomica Verlag GmbH

Manitz, Theresa: Schönheitsbilder in Frauenzeitschriften: Eine soziologische Analyse, Hamburg, Diplomica Verlag GmbH 2013

Buch-ISBN: 978-3-8428-9426-6
PDF-eBook-ISBN: 978-3-8428-4426-1
Druck/Herstellung: Diplomica® Verlag GmbH, Hamburg, 2013

Bibliografische Information der Deutschen Nationalbibliothek:
Die Deutsche Nationalbibliothek verzeichnet diese Publikation in der Deutschen Nationalbibliografie; detaillierte bibliografische Daten sind im Internet über http://dnb.d-nb.de abrufbar.

Das Werk einschließlich aller seiner Teile ist urheberrechtlich geschützt. Jede Verwertung außerhalb der Grenzen des Urheberrechtsgesetzes ist ohne Zustimmung des Verlages unzulässig und strafbar. Dies gilt insbesondere für Vervielfältigungen, Übersetzungen, Mikroverfilmungen und die Einspeicherung und Bearbeitung in elektronischen Systemen.

Die Wiedergabe von Gebrauchsnamen, Handelsnamen, Warenbezeichnungen usw. in diesem Werk berechtigt auch ohne besondere Kennzeichnung nicht zu der Annahme, dass solche Namen im Sinne der Warenzeichen- und Markenschutz-Gesetzgebung als frei zu betrachten wären und daher von jedermann benutzt werden dürften.

Die Informationen in diesem Werk wurden mit Sorgfalt erarbeitet. Dennoch können Fehler nicht vollständig ausgeschlossen werden und die Diplomica Verlag GmbH, die Autoren oder Übersetzer übernehmen keine juristische Verantwortung oder irgendeine Haftung für evtl. verbliebene fehlerhafte Angaben und deren Folgen.

Alle Rechte vorbehalten

© Diplomica Verlag GmbH
Hermannstal 119k, 22119 Hamburg
http://www.diplomica-verlag.de, Hamburg 2013
Printed in Germany

Inhaltsverzeichnis

1. Einleitung..7
2. Theoretischer Rahmen..9
   2.1. Schönheitsideale...9
      2.1.1. Ein kurzer historischer Abriss...9
      2.1.2. Die Supermoderne...15
      2.1.3. Figuren aus Medien und Werbung...16
      2.1.4. Bild des Alltagsmenschen..18
      2.1.5. Virtuelle Kreationen...20
      2.1.6. Die Vor- und Nachteile von Schönheit....................................21
         2.1.6.1. Schönheit = Begehrt sein..21
         2.1.6.2. Schönheit macht Schweres leicht.....................................22
         2.1.6.3. Schönheit als Verwindung des Schweren........................22
         2.1.6.4. Schönheit als Versuchung zu Hochmut und Kälte..........22
   2.2. Ein Paar Worte zur Mode...23
   2.3. Sinus-Milieus, Lebensstil und soziale Ungleichheit......................28
      2.3.1. Die feinen Unterschiede..31
      2.3.2. Drei Geschmäcker...32
         2.3.2.1. Selbstdarstellung und Repräsentation..............................33
         2.3.2.2. Ernährung...34
         2.3.2.3. Kultur...35
   2.4. Eine illegitime Kunst..36
3. Methode und Empirie..38
   3.1. Der Verlag..39
   3.2. Die Auswahl der Zeitschriften...40
      3.2.1. Vorstellung der Zeitschriften..41
         3.2.1.1. „Elle"...41
         3.2.1.2. „Freundin"..42
         3.2.1.3. „Frau im Trend"..44
   3.3. Bildertypen...46
      3.3.1. Kriterienkatalog..46
         3.3.1.1. Der Gesamteindruck..46
         3.3.1.2. Der Hintergrund...47
         3.3.1.3. Zur Person..47
         3.3.1.4. Der Blick..48
         3.3.1.5. Der Gesichtsausdruck..48
         3.3.1.6. Die Pose...49
         3.3.1.7. Licht und Schatten; Kontraste...49
         3.3.1.8. Farbe..50
      3.3.2. Folgende Bildertypen wurden ermittelt..................................50
   3.4. Verteilung der Bildertypen...51
      3.4.1. Verteilung der Bildertypen in „Elle".......................................53

- 3.4.2. Verteilung der Bildertypen in „Freundin"...55
- 3.4.3. Verteilung der Bildertypen in „Frau im Trend"..56
- 3.4.4. Zusammenfassung Verteilung Bildertypen..58
- 3.5. Die Bildertypen..59
  - 3.5.1. Das geometrische Bild..60
  - 3.5.2. Das disharmonische Bild – der Bruch..62
  - 3.5.3. Die Prinzessin...64
  - 3.5.4. Das erotisch sinnliche Bild...66
  - 3.5.5. Das nostalgische beziehungsweise Retrobild..70
  - 3.5.6. Das erstarrte Bild..73
  - 3.5.7. Das alltagsweltliche Bild..75
  - 3.5.8. Die Modefotografie..79
- 3.6. Das Problem der Multidimensionalität...81
- 3.7. Diskussion und Interpretation der Befunde..82

4. Zusammenfassung...86
- 4.1. Fazit..89
- 4.2. Ausblick..91

5. Literaturliste..93
- 5.1. Nichtwissenschaftliche Quellen...97
- 5.2. Ausgewertete Zeitschriften..97
- 5.3. Internetquellen..98

6. Abbildungsverzeichnis..100

7. Anhang..102
- 7.1. Bildertypen Elle November 2011..102
- 7.2. Bildertypen „Elle" Februar 2012..102
- 7.3. Bildertypen „Elle" Juli 2012...103
- 7.4. Bildertypen „Frau im Trend" 24.02.2012...103
- 7.5. Bildertypen „Frau im Trend" 18.05.2012...104
- 7.6. Bildertypen „Frau im Trend" 15.06.2012...104
- 7.7. Bildertypen „Freundin" 16.11.2011..105
- 7.8. Bildertypen „Freundin" 22.02.2012..105
- 7.9. Bildertypen „Freundin" 13.06.2012..106

1. Einleitung

Das Ziel der vorliegenden Studie ist die Abbildung unterschiedlicher Frauenbilder in drei verschiedenen Frauenzeitschriften. Diese Zeitschriften sind unterschiedlichen sozialen Milieus zugeordnet und erlauben so einen Milieuvergleich im Hinblick auf die Ästhetik und die Darstellung von Frauen. Die Methode ist eine Medienanalyse auf der Basis der Grounded Theory. Die Klassifizierung der Schönheitsbilder erfolgte erst nach Erhebung und Auswertung des Datenmaterials. Untersucht wurden nur Bilder von Frauen. Verwendet wurden je drei Ausgaben von „Elle", „Freundin" und „Frau im Trend". Die Analyse unterschied zwischen redaktionell eingefügten und Werbebildern. Die Untersuchung sollte zeigen, dass weibliche Schönheit, Ästhetik und Fotografie in den drei nach Bourdieu skizzierten Schichten unterschiedlich dimensioniert sind, begründet auf die ebenfalls von Bourdieu eruierten drei Geschmäcker – der legitime, mittlere und populäre Geschmack[1].

Zur theoretischen Herleitung des Themas wurde zunächst die Entwicklung des weiblichen Schönheitsideals vom Altertum bis heute dargelegt, denn dieses ist nicht konstant, sondern wandelbar und dem jeweils vorherrschenden Frauenbild unterworfen. Die Supermoderne als aktuelles Thema und für die Auswertung der Ergebnisse unerlässlich, wird dabei ausführlicher behandelt. Die Schönheitsbilder unserer Zeit setzen sich aus verschiedenen Facetten zusammen: Figuren aus Medien und Werbung, Alltagsmenschen und virtuellen Kreationen. Vor allem virtuelle Kreationen verschieben die Skalen der Artgenossenschönheit[2] in eine unnatürliche Dimension.

Wer schön ist, genießt im sozialen Umgang mit anderen Vorteile. Da Frauen sich von einem schöneren Äußeren persönlichen Erfolg versprechen, nehmen sie einiges auf sich, um sich dem heutigen Schönheitsideal: *schlank, straff, symmetrisch und von harmonischer Farbgebung*, weiter anzunähern. Doch auch die Nachteile von Schönheit werden dargelegt. Auch die Folgen des Konsums solcher Schönheitsbilder sollen nicht unerwähnt bleiben.

Obwohl sich diese Untersuchung nicht mit Mode, im Sinne von Kleidung, beschäftigt, kann eine Abhandlung über weibliche Schönheitsideale in Frauenzeitschriften nicht ohne ein erläuterndes Kapitel zum Thema „Mode" auskommen.

Es folgt eine Darstellung der von Bourdieu skizzierten sozialen Klassen und, da sie für

---
1 vgl. Bourdieu 1987: 40ff.
2 vgl. Guggenberger 1995: 104ff.

Deutschland 2012 nur bedingt geeignet sind, eine Darstellung der Sinus-Milieus in Bezug auf Schichten und soziale Ungleichheit in Deutschland. Milieus differenzieren im Hinblick auf Einkommensniveau, Werte und Grundhaltungen und werden durch *„feine Unterschiede"* charakterisiert. Die Darstellung der sozialen Ungleichheit in Deutschland ist unerlässlich, um die ausgewählten Zeitschriften den Milieus der Oberschicht und oberen Mittelschicht („Elle"), der Mittelschicht („Freundin") und der unteren Mittelschicht und Unterschicht zuzuordnen („Frau im Trend"). Die unterschiedlichen Schönheitsbilder sollen einen Milieuvergleich abbilden und Differenzen in der Schönheit von Frauen in unterschiedlichen sozialen Milieus aufzeigen.

Da es sich um Fotografien handelt, wird die Fotografie mittels Bourdieus Werk „Eine illegitime Kunst" in das Alltagshandeln der drei bereits genannten Schichten eingegliedert.

Im Methoden- und Empirieteil wird die Auswahl der Medien ausführlich erläutert und die drei Zeitschriften werden vorgestellt und in Bezug auf verschiedene Determinanten verglichen. Anschließend wird die Methode der Bildanalyse mittels des von der Autorin zum Zwecke dieser Analyse entwickelten Kriterienkatalogs vorgestellt. Das Ergebnis waren acht verschiedene Typen von Schönheitsbildern. Diese werden im Anschluss ausführlich beschrieben und anhand von Beispielbildern illustriert. Diese Ergebnisse werden in der Diskussion interpretiert, in den theoretischen Kontext eingegliedert und kritisch hinterfragt.

Am Ende dieses Buches werden die zentralen Punkte der Untersuchung noch einmal zusammenfassend erläutert und ein Ausblick gegeben auf mögliche anschließende Forschungsfragen.

2. Theoretischer Rahmen

2.1. Schönheitsideale

Im alltäglichen Sprachgebrauch und dem sozialen Umgang mit andern Menschen ist oft von innerer Schönheit die Rede, jedoch beschäftigt sich diese Studie mit der Betrachtung von rein äußerlichen, exklusiven und weiblichen Schönheitsbildern. Da das Schönheitsideal im Laufe der Zeit gravierenden Veränderungen und Moden unterlaufen war, soll im folgenden Kapitel ein kurzer geschichtlicher Abriss über den Wandel und die Entwicklung des weiblichen Schönheitsideals vom Altertum bis heute erfolgen. Interessant ist, dass Frauen als *agierende Personen* in der Geschichte kaum eine Rolle spielten. Über ihr Alltagsleben gibt es kaum schriftliche Belege, aber es gibt bildliche Darstellungen, welche vornehmlich freizügiger Natur waren. Besonders oft mussten mythologische Gestalten als „Ausrede" herhalten, Frauen spärlich bekleidet abzubilden. Eine „echte" Frau nackt darzustellen, wurde als Frivolität angesehen und nicht gestattet. Als Beispiel seien die „Venus" und die „Geburt der Venus" von Botticelli genannt.[3]

2.1.1. Ein kurzer historischer Abriss

Abbildung 1: Venus von Willendorf

Schönheitsideale waren in allen Zeiten einer gewissen Mode unterworfen und entsprachen dem jeweiligen vorherrschenden Frauenbild. Also eine Entwicklung eher von innen heraus nach außen. Je nachdem wie Frauen sich verhalten sollten, spiegelte sich dies in ihrem Äußeren wider. Sollte die ideale Frau keusch und devot sein, war das Ideal mager und kindlich; im sinnenfreudigen Barock durften Frauen wieder volle Kurven haben und ihre Sinneslust nach außen tragen. In der *Vorgeschichte* sei als Beispiel die *„Venus von Willendorf"* genannt. Eine übergewichtige, nackte Frau, die dem Bild einer Fruchtbarkeitsgöttin, einer Urmutter, einer Frau, die gebiert und bereits geboren hat, gerecht wird. Und ausnahmsweise kein junges Mädchen in der Blüte der Jugend. An den sehr realistisch dargestellten Fettpölsterchen ist überdies erkennbar, dass die kleine

---
3 vgl. Sagner 2011: 9ff. und 18f.
Abbildung 1: http://willendorf.info/verkauf.htm, am 16.07.2012

Skulptur nach menschlichem Vorbild erschaffen worden ist, und nicht nach einem idealisierten gedanklichen Abbild. Den Theorien nach, handelte es sich offensichtlich um eine matriarchalische Gesellschaft, in der die Frauen den Ton angeben und das Erbrecht in der weiblichen Linie lag. Nicht zuletzt deshalb, weil sie die *alleinige* Fähigkeit zur Fortpflanzung besaßen. Frauen wussten zu allen Zeiten, welches *ihre* Kinder sind, da sie sie selbst geboren hatten. Die Vorstellungen davon, wie die biologischen Vorgänge der Fortpflanzung im inneren des Körpers nun genau funktioniert, waren in der Vorzeit noch begrenzt und basierten auf Vermutungen. Im Mittelalter, einer patriarchalischen Gesellschaft, herrschte die „Idee", dass Männer ihren Samen in der Frau pflanzen, die Fortpflanzung eine allein männliche Angelegenheit ist (ungefähr so, wie man einen Kern in die Erde steckt, der dann im Medium Erde keimt).[4] In der *Antike* beginnend mit den Vorsokratikern – und übrigens bis heute andauern - setzte sich immer mehr die Vorstellung der perfekten Proportionen durch, welche sich mit Hilfe mathematischer Formeln errechnen lassen. Weniger also die Maße an sich, wobei große und schlanke Körper bevorzugt wurden, als das richtige Verhältnis der Teile zueinander machten eine schöne Frau (oder auch Mann) aus. Symmetrie war – und ist - der ausschlaggebende Wert. Dieses mathematische und *universelle* Schönheitsideal findet auch in der Architektur oder Geometrie Verwendung. Nach dieser Lehre ist ein Quadrat schöner, da noch symmetrischer, als ein gleichseitiges Dreieck. Am schönsten von allen aber gilt der Kreis.[5]

Die *Griechen* wiederum entwickelten daraus ein kompliziertes System, um die perfekten weiblichen (auch männlichen) Proportionen zu errechnen. So mussten verschiedene Abstände am Körper immer genau gleich sein und diese wiederum genau der Länge des Kopfes entsprechen. Da die erhaltenen antiken Statuen scheinbar zeitlos schön sind, und immer noch die Kraft haben, uns zu berühren, beweist dies die Richtigkeit der hellenischen Logik. Symmetrie und Jugend sind einfach zeitlos schön.[6]

„Das beste, so ist man dann versucht zu meinen, sei noch ein skurril gefaßter Identitätssatz: Schönheit ist halt Schönheit." (Haecker 1953: 13)

Mit dem Durchbruch des Christentums im *Mittelalter* entstand ein duales Bild der Frau – Eva und Maria – die Heilige, Reine und vor allem Jungfräuliche, und die verderbte Sünderin. Körperliche Schönheit, Lust und Begehren wurden bei „Evas Töchtern" ver-

---

4 vgl. Reinhart 2011: 12f.
5 vgl. ebd. 2011: 14ff. Siehe dazu auch folgende Seite: http://malen-malerei.de/proportionsregel-menschen-zeichnen (Stand: 03.09.2012). Hier wird die Lehre von den Proportionen gut veranschaulicht.
6 vgl. Guggenberger 1995: 183ff. und Reinhart 2011: 14ff. und Sagner 2011: 16

dammt, Askese, Jungfräulichkeit und Verzicht als „rein" gelobt. Entsprechend unschuldig wurden Frauen dargestellt: mit kindlichen Körpern und Gesichtern, schmächtig, zart und ohne Kurven. Freilich lies sich eine kindlich hohe Stirn, unter der die Augen besonders puppenhaft groß wirkten, zum Beispiel durch Enthaaren derselben modifizieren. Diskretes Augen-Make-Up tat damals wie heute sein Übriges.[7]

Erst mit der *Renaissance* wandelte sich das Schönheitsideal vom kindlich unschuldigen hin zu großzügigeren Proportionen. Im *Barock* galten besonders üppige „Rubensdamen" als attraktiv. Leibesfülle war außerdem ein Statussymbol, denn Nahrungsmittel waren knapp und deshalb auch teuer. Die *Romantik* wollte nach dem in jeder Hinsicht üppigen Barock die Natürlichkeit und Schlichtheit zurückbringen. Das schlanke Ideal sollte nun diese Natürlichkeit und jugendliche Anmut zum Ausdruck bringen, keine Askese und keinen Verzicht. Im Zuge der Industrialisierung wandelte sich das Frauenbild erneut von schlank und natürlich zu drall und üppig. Reifröcke, später abgelöst von den Tournüren[8], erlebten eine Renaissance. Frauen galten im 19. Jahrhundert als Statussymbol und eine luxuriös ausstaffierte und selbstverständlich nicht arbeitende Frau musste „Mann" sich erst mal leisten können.[9]

In den *„Golden Twenties"* des vergangenen Jahrhunderts wandelte sich die Einstellung zu „Molligen" erstmals dramatisch. Galt eine gewisse Leibesfülle vormals als ein Zeichen von strotzender Gesundheit, Wohlstand und Tatkraft, galten „Dicke" plötzlich als charakterschwach, disziplinlos und träge. Das Bewusstsein für das eigene Körpergewicht wurde durch öffentliche Waagen und die ersten privaten Badezimmerwaagen sensibilisiert. Auch die Einstellung zu Nahrungsmitteln und Nährwerten wandelte sich. Mit der Erfindung des Büstenhalters um 1900 revolutionierte sich der Komfort weiblicher Kleidung. Mit dem vormals getragenen Korsett oder Mieder waren Bewegungsfreiheit und Atmung stark eingeschränkt, Sport oder schwere körperliche Arbeit kaum möglich. Mit dem Büstenhalter begann eine neue weibliche Sportlichkeit, aufgrund derer auch die viele Jahrhunderte hochgelobte Blässe einer natürlichen und gesunden[10] Bräune zum

---

7 vgl. Reinhart 2011: 17ff. und Sagner 2011: 16
8 Tournüren erleben heute, in neuer Form, eine kleine Renaissance. So werden gelegentlich „Push Up" Slips propagiert. Diese heben den Po einerseits an und bringen ihn so in jugendlichere Form (straff), andererseits vergrößert ein eingebautes Kissen den Po. Vertrieben werden solche Slips zum Beispiel über QVC:http://www.qvc.de/Push-up-Hose.product.197513.html?orisc=DRIL&sc=197513-DRIL&cm_sp=VIEWPOSITION-_-2-_-197513 (31.7.2012) Natürlich gibt es auch operative Möglichkeiten (Eigenfetteinspritzung u. ä.). Ausgelöst wurde diese Mode durch den runden Hintern von Jennifer Lopez, einer us-amerikanischen Sängerin. Mit der enormen Schlankheit als Ideal, gingen auch die weiblichen Kurven dahin. Sie vereint Schlankheit und Kurven – eine neue Modeerscheinung.
9 vgl. Reinhart 2011: 19ff. und Sagner 2011: 13ff.
10 Heute ist bekannt, dass übermäßiges Sonnen die Haut schädigt, aber es ist auch für die körpereigene

Opfer fiel. Dies ist ein bezeichnendes Beispiel, dass Schönheit ein exklusives Gut ist und Modeerscheinungen von den oberen Schichten nach unten „weitergereicht" werden und ihre Gültigkeit verlieren, wenn sie für jeden zugänglich, somit nicht mehr exklusiv, sind. In früheren Jahrhunderten war ein blasser Teint den Vornehmen und Reichen Menschen vorbehalten. Bauern und allen anderen sich natürlicherweise oft im Freien Aufhaltenden war dies nicht gegönnt. Sonnenschutz gab es nicht, und so war Bräune etwas Allgegenwärtiges und blasse, zarte Haut selten, exklusiv und galt als schön. In der Neuzeit (Erwerbstätigkeit und Alltagsleben in der Stadt finden jetzt zum größten Teil in Häusern oder Fabriken statt) ist Bräune ein Zeichen von Aufenthalt im Freien, sportlichem Müßiggang und Urlaub in fernen Ländern – blass kann jetzt jeder, deshalb wird „braun" zum Luxusgut.[11]

Eine weitere vorher absolut uneinnehmbare Festung fiel – Frauen schnitten sich die Haare kurz! In den vergnügungssüchtigen Zwanziger Jahren waren Frauen idealerweise knabenhaft schlank, hatten keinen Busen, kurzes Haar, waren stark geschminkt und sie rauchten. Die Kleider waren unerhört kurz und wurden oft nur von hauchdünnen Trägern gehalten. Kleidung verhüllt in diesem Falle nicht mehr, sie enthüllt den Körper, der plötzlich schonungslos den Blicken Dritter preisgegeben war. Aufgrund des extremen Schlankheitsideals und dem Druck durch die enthüllende Mode, breitete sich eine neue Krankheit aus – *Anorexia Nervosa*, die Magersucht.[12]

Die Erfindung des Kinos trug einen großen Teil zur Verbreitung von Make Up- und Modetrends bei. Außerdem Erschuf der Tonfilm eine neue „Gattung", die *Leinwandsexgöttin*. Greta Garbo, Marlene Dietrich, Marilyn Monroe – platinblonde, zeitlose Diven mit gezupften Brauen, hohlen Wangen und jeder Menge provokativer Erotik.[13]

Erst *Twiggy*, die Ikone der 70er-Jahre wich gänzlich von diesem sehr weiblichen Ideal ab. Sie trug einen kurzen Jungenhaarschnitt, hatte ein Puppengesicht mit extrem betonten Augen und einen kindlichen Körper ohne Kurven und ohne Busen. Mit ihr setzte sich nun endgültig das sehr schlanke Körperideal durch. Der Wunsch, Fett abzubauen um möglichst dünn zu sein, nahm absurde Formen an. Immer mehr Diäten von zweifelhafter Wirkung – vor allem für die Gesundheit – kamen in Mode. Der Wunsch derart dünn zu sein, widerspricht dem körperlichen Schönheitsideal der letzten 400 Jahre. Au-

---

Bildung von Vitamin D und Serotoninen wichtig.
11 vgl. Reinhart 2011: 32ff. und Simmel 1986: 181f.
12 vgl. Reinhart 2011: 32ff. und Sagner 2011: 13 und 17
13 vgl. Reinhart 2011: 38ff. und Sagner 2011: 17

ßer im Mittelalter, in dem das sündige „Fleisch" verteufelt wurde, und deshalb einem asketischen Leib durchaus Gutes nachgesagt wurde, da er für eine asketische, also gottgefällige, Lebensweise stand, riefen sehr dünne Körper stets negative Assoziationen nach Krankheit, Alter, Hunger, Entbehren und Krieg hervor. Etwas kräftigere Menschen galten, wie oben bereits erwähnt, als tatkräftig und in jeder Hinsicht sinnenfreudig.[14]

Ob nun die offenherzigen Hippies, oder die radikalen Punks, der schlanke Körper blieb. Durch den endgültigen Durchbruch der „Pille" als Verhütungsmittel und die Legalisierung des Schwangerschaftsabbruchs verliert Sexualität seine Exklusivität in der Ehe. Die weibliche Sexualität wird befreit. Die Familie verliert an Stellenwert. Aufgrund instabiler Beziehungen und dem gleichzeitigen Wunsch nach Familie und Sicherheit bekommt bei der Partnersuche und dem Erhalt bestehender Partnerschaften der weibliche Körper und sein stets perfekt gepflegtes Erscheinungsbild einen immer höheren Stellenwert. Attraktivitätsmuster gewinnen bei der Partnerwahl und dem Erhalt bereits bestehender Partnerschaften immer mehr an Bedeutung.[15]

In den 80er Jahren beginnt die *Postmoderne*. Natürlichkeit hat ausgedient. „Zuviel" ist jetzt angesagt – zu viel Make Up und zu viel Haarspray. Im Businessanzug erobern die Damen den Arbeitsmarkt. Von Saison zu Saison ändern sich die Moden. Der Frauentyp ist jetzt sportlich. Aufgrund geschlechtsspezifischer Kleidung ist der weibliche Körper sehr viel *sichtbarer* als der des Mannes; muss straff, jugendlich, muskulös und athletisch sein. Wem Gymnastik (Aerobic und Jogging waren sehr beliebt) nicht genügte, konnte noch auf die sich immer mehr entwickelnde Schönheitschirurgie zurückgreifen. Laut Weiß und Lackinger Karger begann in den 80er Jahren die weitreichende Kommerzialisierung von Schönheit, vermittelt durch Werbung. Mit Hilfe bestimmter Konsumgüter[16] und Verhaltensweisen sollte es jeder Frau und jedem Mann gelingen, schön zu werden und zu bleiben.[17]

Die 90er Jahre waren die Ära der Supermodels. Gab es in den 80er Jahren bereits „The Body" Elle Macpherson, gab es nun Cindy Crawford, Naomi Cambell und Linda Evangelista. Diese Models entsprachen dem sehr schlanken und groß gewachsenen Ideal. Kate Moss, das neue Supermodel, erschütterte mit ihrer dekadenten Lebensweise, ihrem Elfengesicht und ihrem abgemagerten Körper. „Heroin Chic" kam in Mode – ein Look,

---

14 vgl. Reinhart 2011: 48ff. und Sagner 2011: 17
15 vgl. Guggenberger 1995: 101ff. und Posch 2009: 45 ff. und Reinhart 2011: 49ff.
16 Beispielsweise die Aerobicvideos, -bücher und -kurse von Jane Fonda.
17 vgl. Reinhart 2011: 53ff. und Weiß/Lackinger Karger 2011: 12f.

dessen ungesunder Habitus Junkies ähneln sollte. Androgyne Männer und Frauen mit abgezehrtem Äußeren, knochigen Körpern und hohlwangigen Gesichtern. Diese Mode löste heftige Debatten aus. Die „normalen" Supermodels beteiligten sich aufgrund immer dünnerer Models an Anti-Magersucht-Kampagnen.[18]

In den 90ern wurde die Haut geschmückt. Tätowierungen, Henna-Tattoos, aufgeklebte Schmucksteinchen und bei den Teenagern der Technobewegung die Piercings, wurden, in einem gewissen Rahmen, gesellschaftsfähig. Ein weiteres Mittel der Bodymodifikation ist das Bodybuilding, oder, die mildere Form, das Bodystyling (das ist der Fachterminus für die Art der sportlichen Betätigung, die die meisten mit „ins Fitnessstudio gehen" beschreiben). Das äußere Erscheinungsbild ist, vor allem mit dem Hilfsmittel der plastischen Chirurgie, immer weniger naturgegeben und „Schicksal". Niemand muss sich mehr mit einem flachen Po oder kräftigen Schenkeln abfinden. Aktiv kann „frau" daran arbeiten. Ein extremes Mittel wie Bodybuilding ist nur unter sehr hohem persönlichen Aufwand zu erreichen – das tägliche, harte, oft schmerzhafte Training, der Zeitaufwand und die spezifische Ernährungsweise sind ein hoher Preis für dieses Figurtraining und erfordern strenge Disziplin. Aufgrund dieses sehr hohen persönlichen wie finanziellen Aufwandes (Fitnessstudio, Trainer, Spezialnahrung) erschließt sich die Tatsache, dass für die Umgestaltung des Körpers die Schönheitschirurgie immer mehr in den Fokus rückt. Sie ist zwar ebenfalls teuer und schmerzhaft, aber halt nur unmittelbar nach dem Eingriff, dessen Ergebnis unter Umständen ein Leben lang anhält. Zumal etliche als essentiell betrachtete Körperpartien, wie das Gesicht und die weiblichen Brüste, sowieso nicht durch Training verändert werden können. Diese ganzen Prozeduren des Sich-schön-Machens definiert Degele als Schönheitshandeln.[19]

Der Körper und ein schönes, gepflegtes Gesicht bestimmen immer mehr das Image, viel mehr als teure Kleidung, und versprechen Erfolg. Natürlich sollte die Kleidung schon „passen", nur drückt sich Erfolg nicht mehr ausschließlich durch teure Modellkleider aus, ein tolles Kleid „von der Stange" erfüllt jetzt ebenso seinen Zweck und rückt den tollen Körper ins rechte Licht. Im immer größer werdenden tertiären Wirtschaftssektor, dem Dienstleitungsbereich, wird das Aussehen, vor allem da, wo Kundenkontakt stattfindet, immer essentieller. Besonders „Display-Professions" wie Moderatoren, Models, Fernsehansager ist das extrem gepflegte und makellose Äußere, welches einen permanenten hohen Pflegeaufwand mit sich bringt, wie manikürte Hände, haarlose Haut, per-

---

18 vgl. Reinhart 2011: 55ff.
19 vgl. Degele 2004: 9ff. und Reinhart 2011: 57ff.

fekt frisierte und immer top gepflegte und ansatzlos gefärbte Haare, eine hegemoniale Norm. Die Zähne müssen von geradezu künstlichem Weiß sein und absolut gerade stehen – leider hat die Natur nur sehr wenigen Menschen solch ein makelloses Gebiss gegeben und so hilft der Zahnarzt weiter: mit kostspieligen Bleachings, Verneers oder Kronen. Bei Filmproduktionen werden verstärkt Körperdoubles eingesetzt, besonders bei Nahaufnahmen oder Sexszenen (Busen, Beine, Bauch, Po) aber auch, wenn die Filmbraut dem Filmbräutigam mit schlanken Fingern und top Nägeln einen Ring an die makellosen Hände steckt. Die also sowieso schon besonders gelungenen Exemplare der menschlichen Gattung (die Filmstars) werden nochmals „verbessert".[20]

Mit der postindustriellen Gesellschaft kommt es zu einer Ausdifferenzierung und Pluralisierung von Lebensstilen (siehe auch das Kapitel „Sinusmilieus" dieses Buches), Geschmäcker können also durchaus verschieden sein und die Freizeitgestaltung gewinnt zunehmend an Wichtigkeit gegenüber dem Beruf. Diese Individualisierung gibt zwar mehr Freiraum, aber es gehen dadurch auch Sicherheit gebende Komponenten verloren. Zum Beispiel bei Geschmacks- und Stilfragen. Simmel beschrieb bereits 1986 die duale Funktion von Modeerscheinungen – sie sollen auf der einen Seite Abgrenzen, damit der Einzelne als Individuum heraus sticht, gleichzeitig soll die Mode sich auch einordnen, denn unangenehm auffallen will niemand. Jetzt kann jeder nach den Regeln der eigenen Subkultur glücklich werden. Das noch in der ersten Hälfte des 20. Jahrhunderts recht homogene Bild von Mode und Schönheit splittet sich immer mehr auf. Jedes Individuum versucht auf seine Weise in der eigenen Subkultur unterzukommen, sich trotzdem abzuheben, sexuell anziehend zu sein und gleichzeitig intelligent zu erscheinen. Um dies alles zu erreichen können die diversen Produkte der Kosmetikindustrie, Sport und Diäten, Schönheitschirurgie und Bodymodifikation eingesetzt werden.[21]

2.1.2. Die Supermoderne

Wie bereits im vorangegangenen Kapitel erläutert, haben Menschen stets eine – wenn auch ganz unterschiedliche - Vorstellung von der idealen Frau, ihrem Verhalten und ihrem Erscheinungsbild gehabt.

In der Supermoderne setzt sich diese Idealbild aus vielen Ebenen zusammen, da sehr differenzierte Bilder von Frauen durch diverse Medien vermittelt werden. Überall werden wir mit Bildern konfrontiert: auf der Straße mit Werbeplakaten, im Fernsehen mit

---

20 vgl. Guggenberger 1995: 111ff. und Reinhart 2011: 57ff.
21 vgl. Reinhart 2011: 60ff. und Simmel 1986: 179ff.

Moderatoren und Filmstars, mit Models in Zeitschriften, mit virtuellen Figuren in Computerspielen und – natürlich - auch mit echten Menschen. Schönheit ist exklusiv, nach außen erkennbar und steht im Gegensatz zum Hässlichen. Umgekehrt bedeutet das aber nicht, dass alles, was nicht hässlich ist, schön ist. Vor allem aus folgenden drei Bereichen setzt sich nach Reinhart unser Frauenbild zusammen:

1. Figuren aus Medien und Werbung
2. Bild des Alltagsmenschen
3. Virtuelle Kreationen[22]

2.1.3. Figuren aus Medien und Werbung

In Medien und Werbung spielen zumeist ungewöhnlich schöne Menschen, Frauen wie auch Männer, die Hauptrolle – in jeder Hinsicht. Kinder sind von untergeordneter Bedeutung. Diese Medienschönheiten rufen unterschiedliche Empfindungen und Sehnsüchte in den Betrachtenden hervor. Bei Frauen rufen solche „Traumfrauen" Empfindungen hervor, wie: wie „sie" zu sein, auch so auszusehen und was wäre, wenn sie SO aussehen würden... dann wäre alles wunderbar in der Liebe und im Job, sie wären endlich glücklich. Männer bestaunen deren Körper und wünschen sich auch solch eine Frau. Das Problem ist, dass die allermeisten Frauen doch *„viel eher den Darstellungen aus Rubens` Zeiten ähneln und das Gefühl haben, sie wären im falschen Jahrhundert geboren. Sie und ihre Körper werden von der Gesellschaft abgelehnt."* (Reinhart 2011: 64-65) Anzumerken sei hier, dass der umgangssprachliche Gebrauch von „Rubensdame" auf geradezu adipöse Frauen anspielt, Rubens aber zwar wohlgenährte, aber keineswegs fette Frauen gemalt hat. Und natürlich sehen auch die Männer in Film und Fernsehen ganz anders aus und haben ganz andere Fähigkeiten, als die allermeisten Exemplare, die uns im Alltag begegnen. Guggenberger spricht in diesem Zusammenhang vom Begriff der „überrepräsentierten Artenschönheit". Diese in den Medien dargestellten und vorgeführten Musterexemplare bilden in keiner Weise die Realität ab.[23]

Seit der Antike gibt es den Versuch, ein, wenn auch unterschiedlich gestaltetes, Schönheitsideal in Zahlen und Proportionen auszudrücken. Entscheidend sind hierbei „die Elemente der *Klarheit, Symmetrie, Harmonie und intensive Farbgebung.*" (Reinhart 2011: 65) Symmetrie ist hier weniger als zwei spiegelbildliche Seiten zu verstehen, als die gleichmäßigen Anordnung der verschiedenen Teile als ein harmonisches Ganzes.

---
22 vgl. Reinhart 2011: 63f.
23 vgl. Guggenberger 1995: 104ff.

Nach Otto Penz ist Schönheit durch ihre Differenz zum Hässlichen geprägt. „Hässlich" sind hierbei Attribute wie fettleibig, behaart, welk, Cellulitis um nur einige zu nennen. Also alles Merkmale die im Gegensatz zu jugendlich, schlank und straff stehen. Aber nur, weil „frau" nicht hässlich ist, ist sie auch lange noch nicht schön. Nach Menninghaus bedeutet Schönheit vor allem Merkmallosigkeit, denn Schönheit korreliert negativ mit Unverwechselbarkeit. Diese Merkmale der reinen Schönheit sind im übrigen für alle Dinge gleich – egal ob Blume oder Gebäude.[24]

Aus evolutionsbiologischer Sicht ist die Sensibilität für Schönheit in den Schaltkreisen unseres Gehirns auf die natürliche Auslese zurückzuführen, denn unsere Vorfahren mit diesen Eigenschaften reproduzierten sich erfolgreicher. Der „Sinn" von Schönheit liegt laut Freud in der sexuellen Erregung. Mit dem Unterschied, dass unsere Vorfahren reelle und natürliche Menschen als schön bewerteten und die Konkurrenz „nur" aus anderen natürlich schönen Menschen bestand. Evolutionsbiologisch korreliert Symmetrie und Schönheit in der Natur mit einem gesunden Körper und hoher Reproduktion, deswegen empfinden wir beispielsweise das Taille-Hüfte-Verhältnis 60-90 oder 70-100 oder auch 80-110 als schön. Heute werden die Idealbilder der Artenschönheit beim Schönheitsranking (eine Art virtueller Skala auf der jeder Mensch sich selbst und seine Mitmenschen automatisch in Schönheitskategorien einordnet), nicht mehr aus dem „Durchschnitt" reeller Menschen gebildet, sondern es fließen bei der Einteilung der Skala automatisch auch jene Bilder ein, die wir durch Medienkonsum und Werbung in uns aufnehmen. Unser Schönheitsranking wird also unter anderem durch Bilder beeinflusst, welche stark retuschierte, ideal ausgeleuchtete und meisterhaft geschminkte ganz besonders attraktive, straffe, schlanke, blutjunge und langbeinige Frauen abbilden. Plakatwerbung strömt vollkommen ungefiltert auf jede Person, auch auf Kinder, ein, die den Weg des Plakates kreuzt, es wird keinerlei Vorauswahl bei den Betrachtern getroffen. Werbung in Medien hingegen erreicht immer „vorsortierte" Konsumenten, da sie die Zeitschrift zur Hand genommen oder eine Sendung eingeschaltet haben müssen. Der Wunsch, schön zu sein, wird durch Medien und Werbung bestärkt, denn Schönheit wird mit Reichtum und Erfolg verknüpft. Das Schönheitsideal „schlank" ist in allen Schichten gleich. Da schönen (schlanken) Frauen große Bewunderung entgegengebracht wird, wächst der Druck auf die „realen" Frauen, ebenfalls *so* schlank zu sein. Durch die von ihnen konsumierten Medien (Fernsehsendungen, Zeitschriften) fortwährend bestärkt, eigenen sie sich die

---

24 vgl. Menninghaus 2007: 15 und vgl. Penz 2001: 7

dort propagierten *Lebensstile* an. Die Images, die in der Werbung kreiert und mit Hilfe der Produkte quasi für jedermann zum Kauf angeboten werden, zielen ebenfalls auf diese Lebensstile ab.[25]

Es ist anzumerken, dass die westliche Gesellschaft patriarchalisch strukturiert und phallokratisch aufgebaut ist und Schönheitsbilder und Körpervorstellungen stets auf den Lustgewinn der *Männer* abzielen.

2.1.4. Bild des Alltagsmenschen

„*... in der realen Welt kollidiert der Mythos der Schönheit rasch mit der Wirklichkeit.*"
(Reinhart 2011: 72)

Die Gesichter, denen Menschen im Alltag begegnen werden automatisch erfasst und eingeordnet, zum Beispiel, ob das Gesicht bekannt ist. Genauso wird erfasst, ob und in wie weit ein Gesicht schön ist. Beim sozialen Umgang wird Schönheit zu einer „konkurrenzlosen Größe". Sie erleichtert das Kennenlernen neuer Leute („der erste Eindruck"), hilft weiter bei der Jobsuche und bringt Anerkennung und Aufmerksamkeit beim anderen Geschlecht. Aus diesem Grunde ist das Erlangen von Schönheit ein ganz rationales Kalkül. Schönheit ist gleich Schlankheit, doch in der Realität halten sich viele Frauen für *noch nicht schlank genug*, um *wirklich* schön zu sein[26]. Um dies zu ändern werden die Strapazen von Fitnessstudios, ständiges Hungern und sogar die Kosten und Schmerzen von Schönheitsoperationen nicht gescheut. Die Diätindustrie verdient „richtig dick" an Frauen, die gerne richtig dünn wären. Seien es nun Ernährungsratgeber, Diätbücher, Diätkurse, Nahrungsergänzungsmittel und so weiter. Auch vor radikal gesundheitsschädlichen Mitteln wird nicht halt gemacht – Bandwürmer, Amphetamine, stundenlanges Saunieren, Einläufe, Abführmittel, schmerzhafte Operationen – keine Rosskur und keine Nebenwirkung ist den Diätwilligen zu schlimm. Aufgrund dieses Diätwahns breiten sich zwei Krankheiten - leider sogar schon bei Kindern - immer mehr aus: *Anorexia nervosa*, die Magersucht und *Bulimie,* die Ess-Brech-Sucht[27]. Bei der Magersucht wird das Essen so gut wie ganz aufgegeben und bei der Bulimie wird erst eine sättigenden Mahlzeit verspeist, worauf unwillkürlich das schlechte Gewissen folgt und

---

25 vgl. Guggenberger 1995: 101ff. und vgl. Lagneau 2006: 164 ff. und vgl. Reinhart 2011: 67ff.
26 Zu diesem Thema ist die charmante Einleitung von Sabine Asgodom`s Buch „Das Leben ist zu kurz für Knäckebrot. Selbstbewusst in allen Kleidergrößen" von 2010 empfehlenswert.
27 Für weiterführende Informationen zu Essstörungen sei hier die Website der Bundeszentrale für gesundheitliche Aufklärung http://www.bzga-essstoerungen.de/ empfohlen. Stand: 03.08.2012

deshalb würgen die Betroffenen das Essen wieder hoch.[28] Im Internet gibt es so genannte Pro-Ana (Magersucht) oder Pro-Mia (Bulimie) Websites, auf denen sich die magersüchtigen/ bulemischen Frauen gegenseitig Tipps geben (zum Beispiel wie sie das Hungern durchhalten oder welche Nahrungsmittel leicht wieder hochzuwürgen sind) und in ihrem Essverhalten gegenseitig unterstützen. Man könnte es auch so ausdrücken: „*Anorexia is a Lifestyle Choice, not a Disease*". (Conrad/ Rondini 2010: 109)[29]

1. Das Schönheitsideal „sehr schlank", eigentlich: „zu dünn", ist in allen Gesellschaftsschichten im westlichen Kulturkreis gleich und man kann anhand dessen nicht auf das soziale Milieu einer Frau schließen. Da schönen (also schlanken) Menschen positivere Eigenschaften nachgesagt werden, ist der Wunsch, ebenfalls schön zu sein oder zu werden, groß. Vor allem Medien wie Zeitschriften und das Fernsehen überfluten die Konsumentinnen mit einer Unzahl Bildern, wie „frau" auszusehen hat und wie sie dies erreichen könnte (Ernährungstipps, Sportvorschläge). Umgedreht bestärken diese Medien den Konsumentinnen fortwährend die Richtigkeit ihres Tuns. Die Anerkennung und positive Bestätigung die die Frauen aus ihrem sozialen Umfeld durch die Hilfe der Diätmittel erhalten, lässt sie diese in einem positiven Licht betrachten.[30]

2. Obwohl das Schönheitsideal in allen Milieus gleich ist, ist trotzdem ein deutlicher Zusammenhang zwischen Milieuzugehörigkeit und Anteil der Schlanken zu erkennen. Sowohl bei Reinhart aktuell für die USA als auch bereits bei Bourdieu in Frankreich Anfang der achtziger Jahre. Mit sinkender Klassen- beziehungsweise Milieuzugehörigkeit steigt der Anteil der „Dicken" signifikant an. Wobei es keineswegs so ist, dass in den unteren Milieuschichten „Dicke" mehr toleriert werden, sondern es eher so ist, dass Dicksein zu einem Abstieg auf der sozialen Leiter führt. Weniger schöne, oder hässliche (dicke) Menschen werden weniger oft eingestellt und weniger oft befördert. Vor allem natürlich in den Berufen mit Kundenkontakt und Repräsentationsfunktion – Sekretärin, Verkäuferin, Arbeit in der Gastronomie, Vorzimmerdame – zum Teil klassische Frauenberufe, aber auch in allen anderen Berufsgruppen werden Dicke benachteiligt. Wie bereits oben angeführt, werden in der Supermoderne mit dem Dicksein negative Assoziationen verknüpft, wie zum Beispiel: keine Selbstdisziplin, ungepflegt, faul. Aber nicht nur Dicke sind auf dem Arbeitsmarkt benachteiligt, auch alle anderen, die

---
28 vgl. Asgodom (2010): 4f. und vgl. Reinhart 2011: 72ff.
29 vgl. Conrad/ Rondini (2010): 109ff.
30 vgl. Reinhart 2011: 80f.

vom Schönheitskanon jung, schlank und straff abweichen. Heute machen keine Kleider mehr Leute, sondern die, von möglichst wenig Kleidern verhüllten, Körper.[31]

2.1.5. Virtuelle Kreationen

„Was bedeutet denn ein einigermaßen ‚verbessertes' Gesicht oder eine eigentlich gar nicht so schlechte Figur in Vergleich zu diesen perfekten, fehlerlosen Gestalten?"
(Reinhart 2011: 85)

Die Parodie der Artenschönheit sind virtuelle Kreationen aus Computerspielen oder Comics für Erwachsene wie zum Beispiel Lara Croft. Diese ist nicht nur ungeheuer attraktiv mit einer Figur jenseits des tatsächlich Möglichen, sie ist reich, intelligent, gebildet, eine Meisterschützin, Kampfsportprofi, Sportass... und älter wird sie auch nicht. Sie steht damit weit über den natürlichen Wesen. Trotzdem versucht die Schönheitschirurgie[32] diesem Ideal nachzueifern, was im Hinblick darauf absurd ist, dass das „Ideal" ja eigentlich gar keines ist, es ist nur eine *Comicfigur*![33]

Nach einer der berühmtesten virtuellen Schönheitskreationen wurde sogar eine psychische Krankheit benannt: das Barbie-Syndrom. Es betrifft Frauen, die unbedingt so aussehen wollen wie die Modepuppe. Laut Wikipedia[34] ist eine Frau mit den übertragenen Maßen der Puppe übrigens nicht lebensfähig – kein Platz für lebenswichtige Organe - trotzdem gilt *sie* (die Plastikpuppe) bei vielen Erwachsenen und Kindern als Idealbild einer Frau. Früher hatte Barbie noch Utensilien wie Doktorhut und Astronautenanzug, heute ist die Ausstattung deutlich mehr auf Fashion, Shoppen und Freizeit orientiert (Es ist ein Unterschied, ob die Vorbilder kleiner Kinder – wenn

Abbildung 2: „Miss Barbie" Angela Vollrath. „Freundin" November 2011: 117

---

31 vgl. Reinhart 2011: 81ff.
32 Über die merkwürdigen Auswüchse, Risiken, Kosten, Nebenwirkungen und vor allem den tatsächlichen NUTZEN von Schönheitschirurgie und rabiaten Anti-Aging-Methoden informiert das Buch: Schönheit. Die Versprechen der Beauty-Industrie. Nutzen – Risiken – Kosten. von Weiß und Lackinger Karger von 2011. Viele dieser Methoden haben gar keinen wissenschaftlich fundierten Nutzen (beim Abnehmen und Verjüngen), aber zum Teil schwere Nebenwirkungen. So können schon relativ „harmlose" Entwässerungstees und Abführmittel zwar nicht beim Abnehmen helfen, aber soviel Wasser aus dem Körper schwemmen, das damit der ganze Elektrolythaushalt durcheinander gebracht wird! (vgl. ebd. 263ff.)
33 vgl. Reinhart 2011: 84ff.
34 http://de.wikipedia.org/wiki/Barbie (Stand: 04.08.2012)

auch perfekt gestylte – Doktorinnen sind, oder einfach nur dem Müßiggang nachgehende Shoppingqueens!) Im Bild zu sehen ist die deutsche selbsternannte „Miss Barbie" Angela Vollrath. Sie arbeitet praktisch als Double der Puppe und verdient so ihr Geld mit diversen Auftritten.[35]

„Wenn Sie heute ein Spielzeuggeschäft betreten und Tausende dieser leicht nuttig aussehenden Puppen strecken Ihnen ihren Kussmund entgegen, dann merken Sie, dass sich etwas Grundlegendes geändert hat." (Walter 2012: 15)

2.1.6. Die Vor- und Nachteile von Schönheit

Einige Vorteile der Schönheit wurden bereits im obigen Text erläutert. So bringt Schönheit im Berufsleben mehr Erfolg – attraktive Frauen werden eher eingestellt und eher befördert. Sehr schlanken Frauen haften eher positive Attribute an: wie fleißig und (selbst-) diszipliniert, liebenswürdig und selbstbewusst. Schönheit ist im sozialen Umgang mit anderen Menschen eine hegemoniale Komponente: das Kennenlernen neuer Menschen fällt viel leichter.[36]

2.1.6.1. Schönheit = Begehrt sein

Schöne Frauen, und Männer, wecken (sexuelles) Begehren, weil sie so schön sind. Weil sie etwas Besonderes sind. Wir alle möchten Schönes und Besonderes um uns haben. Schöne Partner sind eine Zierde und ein Schmuck für den anderen und lassen ihn ein wenig an der Schönheit teilhaben.[37]

Beim Rational Choice Ansatz[38] ist sie ein mögliches Attribut, was beispielsweise Armut ausgleichen kann. (Reicher, eventuell auch alter, nicht schöner Mann heiratet junge, schöne, aber arme Frau.) Dieses Schema wird traditionell in den Märchen verschiedener Epochen und Kulturen verwendet und findet sich noch heute in einer Vielzahl Liebesfilme wieder („Pretty Woman"[39]). Die, die begehrt werden befinden sich in der „strukturell

---

35 vgl: Walter 2012: 11ff. und vgl. „Freundin" 25/2011: 117f. und vgl. Homepage von „Miss Barbie" http://www.bambolina-angela.de/ (Stand: 04.08.2012)
36 vgl. Reinhart 2011: 87f.
37 vgl. Reinhart 2011: 88
38 Rational Choice ist die Nutzenmaximierung in jeder Lebenslage, genutzt vor allem als Familienökonomie in der Familiensoziologie. Es gibt viele Kritiker, die der Meinung sind, so rational könne man die faktoren des familiären Zusammenspiels nicht betrachten. Ergänzt wird der Rational Choice Ansatz daher durch die Framingansätze (Begriff geht zurück auf Erving Goffman). Solange also alles „im Rahmen" bleibt, die Beziehung glücklich ist, bezahlt, zum Beispiel, der eine Partner gerne für den anderen mit. Im Rahmen der glücklichen Beziehung wird nicht alles so genau abgewogen. Im Falle eines aufgedeckten Betruges hingegen zerbricht der Frame der glücklichen Beziehung und die Kosten-Nutzen-Kalkulierung gewinnt die Oberhand. Vgl. dazu Becker 1993 a) und b) und Esser 2001: 103ff. und Esser 2002: 27ff. und Esser 2003: 153ff. und Etzrodt 2000: 761ff. und Hill/ Kopp 2006: 144f. und Kroneberg 2005: 344ff.
39 „Pretty Woman" von 1989, der Film in dem ein reicher Mann eine Prostituierte vom Straßenstrich

schwächeren Objektrolle". Das heißt, das „Gut", welches die strukturell schwächeren mitbringen ist immer auch Schönheit. Die strukturell Stärkeren brauchen diese „Krücke" nicht, da sie andere Güter besitzen, begehren aber die strukturell schwächeren Personen ob ihrer Schönheit.[40]

2.1.6.2. Schönheit macht Schweres leicht

Ob nun im Berufsleben oder als Retterin in der Not, gutes Aussehen hilft oftmals weiter. Wie bereits oben genannt, erleichtert Schönheit den sozialen Aufstieg, in dem es als eine Art Gut in der Sozialökonomie eingesetzt werden kann, sie ist gewissermaßen die Ware, um die gefeilscht wird.[41]

2.1.6.3. Schönheit als Verwindung des Schweren

Das Ergebnis, die Schönheit, lässt vergessen, was alles nötig war und ist, um sie zu erreichen (Diäten, Operationen, Sport...). Sie entschädigt quasi für die Mühen, die zum Erreichen derselben notwendig waren.[42]

2.1.6.4. Schönheit als Versuchung zu Hochmut und Kälte

Schönheit hat nicht nur Vorteile. Die - erstaunlich vielen - Nachteile vor allem der ganz besonders Schönen sollen nicht unerwähnt bleiben.

In Märchen kommen nicht nur die strukturell schwächeren und „guten" Schönen vor, sondern es gibt stets eine negative „Gegenkraft", oft in Form von Stiefmüttern oder Hexen. Diese „bösen" Frauen werden manchmal als abstoßend hässlich, oder aber als kühle, um nicht zu sagen kalte, und wunderschöne Frauen dargestellt (Eiskönigin). Gefühlskalt, asozial, grausam, herrschsüchtig, neidisch und missgünstig lauten die wenig schmeichelhaften Attribute. Gut aussehende Frauen genießen die oben genannten Vorteile der Schönheit und werden sogar oft besser eingeschätzt, als sie tatsächlich sind; bei den extrem schönen Frauen kehrt sich vieles davon ins Negative um. So haben sie es aufgrund von Neid und Eifersucht schwer, Freundschaften mit Frauen zu schließen und zu erhalten, aber mit Männern ist es auch prekär. Die Frauen haben das Gefühl, nur wegen ihres Aussehens begehrt und nicht um ihrer selbst willen geliebt zu werden. Ebenso ist es mit beruflichem Erfolg, er wird von Dritten oft nur dem Aussehen der Frau zugesprochen, nicht ihrer Kompetenz. Zumal besonders den schönen Frauen eher unter-

---

heiratet, siehe dazu Wikipedia: http://de.wikipedia.org/wiki/Pretty_Woman (Stand: 24.08.2012)
40 vgl. Reinhart 2011: 88f.
41 vgl. Reinhart 2011: 89
42 vgl. Reinhart 2011: 89

durchschnittliche Intelligenz nachgesagt wird. Wenn die Beauties altern und ihre Schönheit trotz Gegenmaßnahmen irgendwann nachlässt, kann ein regelrechter Zusammenbruch des sozialen Umfeldes erfolgen. Denn dieses war nur auf deren gutes Aussehen gerichtet, und nicht auf ihre Persönlichkeit.[43]

„Gerade das gute Aussehen entwertet so alle persönlichen und alle professionellen Erfolge." (Reinhart 2011: 90)

2.2. Ein Paar Worte zur Mode

Mit Mode, also im engeren Sinne, mit Kleidung, oder neudeutsch: Fashion, beschäftigt sich diese Studie nicht. Nichtsdestotrotz kann dieses Thema nicht außen vor gelassen werden, denn Schönheitsideale beziehen sich nicht nur auf einen nackten Körper und ein hübsches Gesicht. Auch oder ganz besonders der „Rahmen" oder die Präsentation des Ganzen spielen eine wichtige, sogar sehr wichtige Rolle. So gilt im herkömmlichen Sinn nur als „schön", wer passende Kleidung und eine vorteilhafte Frisur trägt. Dabei sind besonders im Berufsleben Stichworte wie klassisch, typgerecht, dem Anlass entsprechend und schmeichelhaft in aller Regel, supermodern, flippig aber auch dem anderen Extrem: altbacken und langweilig, vorzuziehen. In der Freizeit ist erlaubt, was gefällt.[44]

Mode und Moden hat es immer schon gegeben, wie im Kapitel der geschichtlichen Entwicklung von Schönheit dargelegt worden ist. Diese Kleidermoden orientieren sich am geläufigen Frauenbild – ist die Idealfrau keusch und asketisch, sollte ihr Körper nicht nur kindlich mager sein, sondern auch die Kleidung schlicht und streng verhüllen. Im Barock waren nicht nur die Hintern und Frisuren ausladend, sondern auch die Garderobe; bunt geschmückt, opulent, ausufernd und mit Spitzen dekoriert.[45]

Trotzdem war in allen Zeiten eines gleich: Mode diente der *Verhüllung* des Körpers. Mit Kleidung ließ sich „schummeln". Mit Kleidung wurde der Gesellschaftsstatus klar nach außen getragen. Die Moden aller Epochen hatten die Absicht, die Frau zu einer Kunstfigur zu gestalten (bis heute), und sie nicht nur vor Witterungseinflüssen zu schützen. Mode dient anderen Zwecken. Reifrock und Korsett, hohe Absätze, auf dem Boden schleifende Röcke, oder Röcke die so kurz sind, das beim Sich Setzen oder Bücken allerlei zu beachten ist, will man nicht jedem seine Unterwäsche präsentieren, sind denk-

---
43 vgl. Guggenberger 1995: 149ff. und vgl. Reinhart 2011: 89f.
44 vgl. Simmel 1986: 182ff.
45 vgl. Sagner 2011: 10ff.

bar ungeeignete Kleidungsstücke, um Frauen im Arbeits- und Lebensalltag praktisch, geschützt und warm anzuziehen. Aber wenn Frauen in Reifrock und Korsett und mit himmelhohen Absätzen nicht irgendwie WUNDERbar wären, gäbe es wohl keinen Grund, warum sich Bräute bis heute damit abmühen.[46]

Mode folgt niemals wirklich „praktischen" Aspekten, sondern ringt täglich mit ihren beiden widersprüchlichen Tendenzen: *Abgrenzung* und *Nachahmung*. Praktikabilität gehört nicht dazu. Mode soll zum Einen das Dazugehören kennzeichnen (Subkultur, Klasse, Milieu): jeder will sich eingliedern, nicht *unangenehm* auffallen. Dies geschieht, indem man den *Style* (umfasst Kleidung, Haare, Make Up) der mit einem erstrebenswerten Status versehenen Person oder Personengruppe nachahmt. Denn der *Style* ist eng verknüpft mit dem erstrebenswerten, damit unmittelbar verbundenen *Lifestyle*. Modeerscheinungen werden von oben nach unten weitergereicht, oder von unten nachgemacht. Die nachgeahmte Mode ist meist verbunden mit einem höheren Lifestyle (der als erstrebenswert gilt). Ist die Mode „weiter unten" angekommen, wechselt sie auch schon. Die Oberschicht möchte sich ja weiterhin deutlich abgrenzen, dies funktioniert nur mit immer neuen, teureren und exklusiveren Moden[47].

Die Abgrenzung findet sowohl in einer senkrechten Weise, als auch auf einer horizontalen Ebene statt (innerhalb der eigenen Schicht/ Subkultur). Nach oben, findet eine Nachahmung statt, nach unten eine scharfe Abgrenzung. Innerhalb der eigenen Subkultur/ Schicht/ Milieu findet sowohl Nachahmung statt, um die Zugehörigkeit auszudrücken, als auch eine Abgrenzung, denn jedes Individuum möchte bis zu einem gewissen Grad aus der Masse herausstechen, um als Individuum mit einem eigenen Stil anerkannt und erkannt zu werden.[48]

Da wo die Struktur der Gesellschaft kein Oben und kein Unten kennt, erfolgt die Abgrenzung nur auf der horizontalen Linie. Bei Naturvölkern zum Beispiel findet eine strikte Abgrenzung zum anderen Stamm mittels strenger Differenzierung der Moden statt. So wird zum Einen scharf umrissen, wer zu welchem Stamm gehört und gleichzeitig innerhalb des eigenen die Zusammengehörigkeit gestärkt. Diese Moden sind dauerhafter als in unserer westlichen Welt. Zwar wandeln sie sich mit der Zeit, aber langsamer und weniger extrem. Solche Anstöße zum Wandel kommen häufig von Außen. „Fremde" Mode scheint auf alle Menschen und zu allen Zeiten eine besondere Faszina-

---

46 vgl. Barnard 2002: 49ff. und vgl. Reinhart 2011: 148ff.
47 vgl. König 1967: 67ff. und vgl. Simmel 1986: 183ff.
48 vgl. König 1967: 70ff. und vgl. Simmel 1986: 184f.

tion auszuüben.[49]

Fällt eine dieser Funktionen der Mode, Abgrenzung und Nachahmung, weg, kann Mode nicht mehr existieren. Dann gäbe es nur noch Kleidung und Haare, keine Mode und keine Frisuren mehr. Mode wird in den oberen Milieus „gemacht". So erfinden die diversen Designer meistens zwei Mal im Jahr (Frühling/ Sommer und Herbst/ Winter) neue Moden und Kollektionen. Die Haute Couture wird maßgeschneidert und ist handgenäht, im Gegensatz zur fertig konfektionierten Prêt-à-Porter Mode, die in den Designerläden und Luxuskaufhäusern „von der Stange" verkauft wird, aber nur in sehr begrenzter Stückzahl für die exklusive Kundschaft. Die aktuellsten Moden, frisch vom Laufsteg, tragen vor allem „Prominente", nicht nur, weil sie es sich leisten können, sondern weil sie die Kleider mit Erscheinen der Kollektionen von den Designern geschenkt, oder auch für besondere Anlässe geliehen bekommen - dies gilt besonders für Haute Couture Abendroben für Auftritte auf dem roten Teppich. (Diese sind auch viel zu wertvoll zum „verschenken", zumal die Damen solche Roben auch nur ein einziges Mal tragen.) *„Die Oscar-Nacht in Hollywood ist nicht nur das wichtigste Spektakel für die gesamte Unterhaltungsindustrie, sondern auch die größte Modenschau jenseits der Schauen. Internationale Blätter von Gala bis New Zealand Womens`s Day zehren das ganze Jahr mit immer neuen Kommentaren davon, wer was trug. Wer für den Oscar nominiert ist, wird von den Designern umworben – und wer ihn gewinnt sichert dem dazu getragenen „Sieger-Label" Prestige und mehr. So wurde z.B. das maßgeschneiderte, lindgrüne Seidenkleid von Escada Couture, in dem Kim Basinger 1998 ihren Oscar abholte, in allen Escada-Boutiquen von München bis Hollywood zum meistgefragten Abendkleid."* (Becker 1999: 95) Die Ausstaffierung beinhaltet auch Juwelen, Handtaschen und andere Accessoires. Diese Prominenten werden dann wiederum von Paparazzi oder auch „normalen" Reportern fotografiert und in Frauenzeitschriften abgebildet und als mustergültiges Beispiel der allgemeinen Damenwelt präsentiert und sind somit eine ausgezeichnete Werbung für die Designer und ihre Trends, die sie selber setzen. Ein Teil dieser Prominenten sind wiederum Supermodels wie Kate Moss (eine *der* Stilikonen unserer Zeit), die ihrerseits durch die Designer berühmt geworden sind (bei Kate Moss kam der Durchbruch mit Calvin Klein). Somit ist sogar der „Star" selber eine Erfindung der Modedesigner, nicht nur deren Mode! Simmel schrieb darüber bereits in den achtziger Jahren und es ist bis heute so. Es gibt direkte Sparten in den Frauenzeitschriften über die

---

49 vgl. Simmel 1986: 185f.

sogenannten *Runway Looks*. Also immer dann, wenn große (oder auch kleine) Modenschauen, wie die berühmte Haute Couture in Paris oder die Berliner Fashionweek, stattgefunden haben, berichten die Frauenzeitschriften darüber, parallel kommen die Artikel über die Personen, vorwiegend Frauen, die diese Kleider bereist während der Schauen oder unmittelbar danach tragen könnenn. Damit soll gezeigt werden, wie man diese auf den *Runways* extrem präsentierten Looks im Alltag, oder zumindest in der Öffentlichkeit, tragen kann. Die Models auf dem Laufsteg sind zum Teil mit Masken oder Helmen bewehrt, das Gesicht schwarz geschmiert, der Busen ist komplett zu sehen oder der Hintern nackt – so geht keine Frau „auf die Straße". Die Mode vom Laufsteg kann nicht oder nur sehr bedingt 1:1 übernommen werden (gilt auch als einfallslos), sondern muss erst modifiziert, *tragbar gemacht*, werden.[50]

Die Abbildung zeigt einen Look vom Laufsteg (links mit Kettenhaube) und rechts von einer Frau, Florence Welch, getragen, welche als Musikerin und Modemuse deklariert wird. Das Kleid hat in der Taille eine interessante Raffung, die die schlanke Taille verdeckt und (zumindest auf dem Bild) an eine „Speckrolle" erinnert und somit dem herrschenden Schlankheitsbild vollkommen widerspricht! Solche Phänomene beschreibt Simmel wie folgt: „*So häßliche und widrige Dinge sind manchmal modern, als wollte die Mode ihre Macht gerade dadurch zeigen, daß wir ihretwegen das Abscheulichste auf uns nehmen; gerade ihre Zufälligkeit, mit der sie einmal das Zweckmäßige, ein andermal das Abstruse, ein drittes Mal das sachlich und ästhetisch ganz Indifferente anbefiehlt, zeigt ihre völlige Gleichgültigkeit gegen die sachlichen*

Abbildung 3:
Runway Look.
"Elle" Februar 2012: 89

Abbildung 4: Florence Welch.
"Elle" Februar 2012: 89

---

50 vgl. Schütte 1999: 30 und 96f. und vgl. Simmel 1986: 184ff. und vgl. „Elle" Februar 2012: 88f.

Normen des Lebens, womit sie eben auf andere Motivierungen, nämlich die typisch-sozialen *als die einzig übrigbleibenden hinweist." (Simmel 1986: 182-183)*

Es gibt - mittlerweile sehr berühmte - Modeketten wie H&M oder Zara, die sich darauf spezialisiert haben, diese plakativen neuen Looks preiswert und unheimlich schnell in leicht abgewandelter Form und auf Kosten der Qualität zu imitieren. Wenn diese preiswerte Mode in den Läden hängt, ist sie damit einer breiten Masse zugänglich geworden und hat für privilegierte Fashionistas keine Bedeutung mehr, da diese schon dem nächsten Trend auf der Spur sind, um sich weiterhin gegen die weniger gut gestellte Bevölkerung abzugrenzen. Um so hektischer eine Zeit ist, um so schneller Wandeln sich Moden, da stets ein neuer Kick gesucht wird. Bei dem Kapitel über den geschichtlichen Wandel von Schönheitsidealen wird dieser Umstand ebenfalls noch einmal deutlich. So wandelte sich das Schönheitsideal in den vergangenen Jahrhunderten nur selten. Spätestens seit den Zwanziger Jahren des vergangenen Jahrhunderts waren Modeerscheinungen rastloser und sind einem immer schnelleren Wandel unterworfen.[51]

Zusammengefasst kann gesagt werden, dass Mode und Schönheit Hand in Hand gehen. Auch eine wunderschöne Frau kann durch eine unvorteilhafte Frisur, eine unschöne Brille und unmoderne Kleidung entstellt werden. Umgekehrt gilt für alle Frauen und Männer: zur Figur und zum Typ passende, Vorteile betonende und Nachteile kaschierende Kleidung[52], eine vorteilhafte Frisur mit einer leuchtenden Farbe und gesundem Glanz und eine, wenn sie denn nötig ist, ebenso vorteilhafte Brille, und dezentes Make Up verhelfen auch dem weniger schönen Menschen zumindest ein Paar Stufen höher auf der Attraktivitätsskala hinauf. Jeder Mensch hat schöne Seiten und passende Mode rückt sie ins rechte Licht und überspielt weniger Schönes.

---

51 vgl. Müller 1999: 128ff. und vgl. Simmel 1986: 184ff.
52 Diese Kleidung sollte zwar in einem gewissen Rahmen der Mode entsprechen und nicht aus diesem herausfallen, aber in erster Linie sollte sie zur Person passen. Nicht jeder neue Modeschrei betont die eigene Schönheit vorteilhaft.

2.3. Sinus-Milieus, Lebensstil und soziale Ungleichheit

Der grundlegende Gedanke der vorliegenden Untersuchung, unterschiedliche Frauenbilder in unterschiedlichen Gesellschaftsschichten und Milieus abzubilden, beruht auf der Annahme einer sozialen Ungleichheit in Deutschland. Milieuzugehörigkeit wird nicht nur bestimmt durch das Einkommensniveau, sondern auch durch bestimmte Lebensweise, Werte und Grundhaltungen. Die Zugehörigkeit zu einem bestimmten Sozialmilieu äußert sich in vielen *feinen Unterschieden*, zum Beispiel die Vorliebe für bestimmte Speisen oder Kleidungsstile, die den Habitus einer Gesellschaftsschicht ausmachen, und nicht auf den ersten Blick zu erkennen sind. Im folgenden Kapitel soll die soziale Ungleichheit in Deutschland kurz anhand der Sinusmileus dargestellt werden und „die feinen Unterschiede" der Schichten und Milieus nach Bourdieu vorgestellt werden.

Bourdieu skizziert in seinem Werk „Die feinen Unterschiede" eine strenge Schichtung der Gesellschaft in drei Klassen. Diese drei Klassen, Unterschicht, Mittelschicht und Oberschicht, existierten in den siebziger Jahren in Frankreich. Frankreichs Klassengefüge war und ist anders strukturiert und festgefügter als das deutsche. „Klasse" bedeutet mehr als die Höhe des Einkommens, sie beinhaltet auch ein Gefühl der Zugehörigkeit und Identifikation. Die Klasse wird gelebt. Durch die immer größere Pluralisierung der Gesellschaftsstruktur ist eine rein dreigeteilte Klasseneinteilung ungünstig. Es gibt deutlich mehr unterschiedliche *Milieus*. Der begriff Milieu wurde durch Schulzes Buch *„Die Erlebnisgesellschaft. Kultursoziologie der Gegenwart"*[53] populär. Lebensstile oder Milieus sind schichtübergreifend und bringen Haltungen, Werte und Lebenseinstellungen zum Ausdruck. Bei etwa gleichem Sozialstatus haben ältere Menschen andere Werte und Haltungen als junge Menschen. Für diese Studie werden für die aktuelle Einteilung der Gesellschaftsstruktur Deutschlands die Sinus-Milieus benutzt. Die Sinusmilieus werden vom Sinus-Institut fortlaufend aktualisiert und angepasst und wurden zum Zwecke der Markt- und Meinungsforschung erdacht. Sie ermöglichen eine exakte Bestimmung von Zielgruppen. Das Sinus-Institut gibt einige Informationen kostenlos preis, die meisten sind unveröffentlicht. Diese Daten sind ökonomisch wertvoll, deshalb bleiben sie unter Verschluss. Sie werden für zielgruppenorientierte Werbung, strategisches Marketing aber auch von politischen Parteien genutzt.[54]

Die Darstellung erfolgt in einem Diagramm. Die einzelnen Milieus umfassen bestimmte

---

53 vgl. Schulze: 2000
54 vgl. Sinus-Institut Heidelberg: http://www.sinus-institut.de/loesungen/sinus-milieus.html (Stand: 02.09.2012)

Bereiche und werden in *Kartoffelwolken* abgebildet. Zur Verdeutlichung die aktuellste Grafik des Sinus-Institus[55]:

Abbildung 5: Studentenversion Kartoffelgrafik. Sinus-Institut Heidelberg, 2011

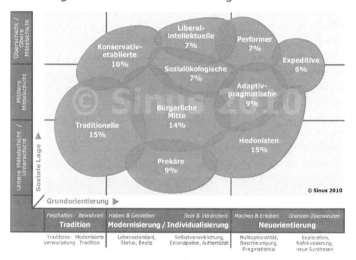

Die vertikale Achse gibt die Stellung im sozialen Gefüge wieder. Im oberen Drittel befindet sich die Oberschicht und die obere Mittelschicht, in der Mitte die mittlere Mittelschicht und im unteren Drittel die untere Mittelschicht und die Unterschicht. Die horizontale Achse bildet die Grundorientierung der Milieus ab. Von links nach rechts werden sie „moderner". Im linken vorderen Drittel werden Traditionen bewahrt, in der Mitte sind Modernisierung und Individualisierung die Grundhaltungen und ganz rechts findet ständig eine Neuorientierung statt.[56]

---

55 vgl. Sinus-Institut Heidelberg: http://www.sinus-institut.de/loesungen/sinus-milieus.html (Stand: 02.09.2012)
Abbildung 5: Sinus-Institut Heidelberg: http://www.sinus-institut.de/de/infobereich-fuer-studierende.html (Stand 02.09.2012)
56 vgl. Sinus Sociovision GmbH 2011: 1f.

Sozial gehobene Milieus:
1. *Konservativ-etabliertes Milieu*: Das klassische Establishment mit privilegierter Lebensweise und Distinktion durch exklusiven Konsum nach unten.
2. *Liberal-intellektuelles Milieu*: Die liberale Bildungselite mit vielfältigen intellektuellen Interessen.
3. *Milieu der Performer*: Die global auf höchstem Niveau vernetzte, multi-optionale, effizienzorientierte Leistungselite.
4. *Expeditives Milieu:* Die unkonventionelle kreative Avantgarde mit immer neuen Zielen vor Augen.[57]

Milieus der Mitte:
1. *Bürgerliche Mitte*: Der bürgerliche Mainstream auf der Suche nach gesellschaftlicher und privater Ordnung und Harmonie in gesicherten Verhältnissen.
2. *Adaptiv-pragmatisches Milieu:* Die zielstrebig junge Mitte ist pragmatisch und sehr anpassungsfähig.
3. *Sozialökologisches Milieu:* Politisch korrekte, idealistische Lebensauffassung, ökologisches und soziales Bewusstsein, Globalisierungskritiker.[58]

Milieus der unteren Mitte/ Unterschicht
1. *Traditionelles Milieu:* Die älter Kriegs- und Nachkriegsgeneration. Halten am Althergebrachten fest, sind traditionsverwurzelt, wollen Ordnung und Sicherheit, keinen Wandel.
2. *Prekäres Milieu:* Das Prekariat. Die um Anschluss bemühte Unterschicht. Sozial benachteiligt, geringe Aufstiegschancen.
3. *Hedonistisches Milieu:* Moderne Unterschicht, lehnen traditionelle Werte und Konventionen ab, wollen Spaß haben und leben nur im „heute".[59]

Die Sinusmilieus bilden zwar auch eine Schichtung der Gesellschaft in drei Klassen ab, jedoch sind die einzelnen Kartoffelwolken klassenübergreifend und nicht trennscharf zueinander, was sie von herkömmlichen Klassenmodellen unterscheidet. Ein Milieubewusstsein, in dem Sinne des Klassenbewusstseins, existiert nicht. Dies sind prägnante Merkmale der Sinusmilieus.[60]

---
57 vgl. Sinus Sociovision GmbH 2011: 1f.
58 vgl. Sinus Sociovision GmbH 2011: 1f.
59 vgl. Sinus Sociovision GmbH 2011: 1f.
60 vgl. Sinus Sociovision GmbH 2011: 1f.

2.3.1. Die feinen Unterschiede

Pierre Bordieus berühmter soziologischer Klassiker beschäftigt sich ausschließlich mit der Frage, *worin* sich die einzelnen Klassen der Gesellschaft, abgesehen von der Einkommenshöhe, noch unterschieden. Er ist der Ansicht, dass es meist offensichtlich ist, welcher Klasse einer Person angehört. Aber woran liegt das? Dies liegt an bestimmten Verhaltensweisen, sprachlichem Ausdruck, und dem *Geschmack*. Bourdieu prägte für diese zusammengefassten Merkmale den Begriff *Habitus*. Er teilt die Gesellschaft Frankreichs in den siebziger Jahren in drei Klassen, manchmal spricht er auch von sozialen Räumen. Dieses starre Klassenschema ist für Deutschland 2012 nicht geeignet, wie oben bereits erläutert, sind die Grenzen verwischt und nicht trennscharf.

Es gibt nach Bourdieu drei Arten von Kapital: *ökonomisches, kulturelles* und *soziales Kapital*. Ökonomisches Kapital sind Geldwerte, Grundbesitz und andere materielle Güter. Es ist Voraussetzung, aber keine Garantie, Macht im sozialen Gefüge ausüben zu können. Wichtiger erachtet er die immateriellen „Besitztümer" kulturelles und soziales Kapital.

Kulturelles Kapital ist vor allem Bildung. Eine hohe Bildung ist (fast) nicht eigenverantwortlich zu erreichen, Bildung wird vererbt. In Bildung, als wichtigstes Humankapital, muss zunächst investiert werden, bevor sie sich auszahlt. Die Einstellung, ob dies eine lohnende Investition oder Verschwendung ist, wird in der Familie weitergegeben und beeinflusst die Bildungsaspiration, die Einstellung zu Bildung und Leistungserbringung in der Schule.[61] Wird bei einem Kind von klein auf institutionalisiert, dass es später studieren wird, ist es sehr wahrscheinlich, dass es das auch tut, da es automatisch auf dieses Ziel hinarbeitet, weil es *selbstverständlich* ist. Inkorporation bezeichnet diese Verinnerlichung von der Notwendigkeit des kulturellen Kapitals und die Akzeptanz seiner Dauer, denn Bildung braucht Zeit. Das Kind wird folglich in der Grundschule gute Noten haben und im Anschluss ein Gymnasium besuchen und die Hochschulreife erreichen. Dieser Titel (Abitur) ist die Institutionalisierung von kulturellem Kapital. Kulturelles Kapital umfasst mehr als schulische Ausbildung. Es ist die Bildung, die hauptsächlich die Eltern, oder auch Bildungsinstitutionen außerhalb des Unterrichts, vermitteln. Es sind Allgemeinbildung, Umgangsformen, Tischsitten, der Besuch von Vernissagen, Museen, Theatern, Opern oder einer öffentlichen Bibliothek. Allein die Tatsache, dass das Kind lernt, wie es sich in einer solchen Umgebung korrekt zu Verhalten hat und

---

61 vgl. Klein 2005: 251 und vgl. Treibel 2000: 214ff.

dass es sich lohnt, dafür zu bezahlen (Eintritt), *ist* das kulturelle Kapital (nicht so sehr der Inhalt der Veranstaltung/ Ausstellung). Kulturelles Kapital kann *objektiviert* werden, indem Kunstgegenstände erworben werden, dafür ist ökonomisches Kapital nötig.[62]

Das *soziale Kapital* sind das Netzwerk an Beziehungen auf die ein Mensch zurückgreifen kann und rein immateriell.[63]

Hakim führt als Ergänzung zu Bourdieu ein viertes Kapital an: *das erotische Kapital*. Es umfasst mehr als reinen Sexappeal und Schönheit. Die positiven Seiten der Schönheit als Komponente im sozialen Umgang wurden bereits im Kapitel „Die Vor- und Nachteile von Schönheit" erläutert. Erotisches Kapital ist das *gewisse Etwas* und *Charme*. Auf der Annahme beruhend, dass Männer einen stärkeren Geschlechtstrieb besitzen als Frauen, ist Hakim der Auffassung, dass Frauen gegenüber Männern eine Machtpostion innehaben, da sie etwas besitzen, was Männer wollen. Erotisches Kapital ist demnach eher Frauen eigen. Es beinhaltet auch die Tatsache, dass nur Frauen sich reproduzieren[64] können und Männer, wenn sie einen Kinderwunsch haben, von einer Frau abhängig sind.[65]

Die Kapitalformen können auch umgewandelt werden. Kulturelles, soziales und erotisches Kapital können in ökonomisches getauscht werden. Ökonomisches kann in kulturelles umgewandelt werden, in dem Kunstgegenstände oder Bücher erworben werden.

2.3.2. Drei Geschmäcker

Bezugnehmend auf das Thema dieser Untersuchung, unterschiedliche Frauenbilder in unterschiedlichen Gesellschaftsschichten abzubilden, werden im Folgenden die drei Geschmäcker der drei Schichten angelehnt an Bourdieu vorgestellt. Der *legitime Geschmack* der Oberschicht, die sich aus Bildungsbürgertum und Großbürgertum zusammensetzt, der *mittlere Geschmack* der Mittelschicht und der *populäre Geschmack* der Unterschicht. Geschmack wird mit dem kulturellen Kapital durch die Familie und das soziale Umfeld vererbt und institutionalisiert und ist viel weniger individuell, als allgemein angenommen. Geschmack betrifft sehr vielfältige Dinge, nicht nur Äußerlichkeiten wie die Vorliebe für bestimmte Frisuren, Kleidung, Kosmetik und Körperpflege. Geschmack beinhaltete auch innere Einstellungen wie Affinitäten für bestimmte Musi-

---

62 vgl. Bourdieu: 1987:174ff. und vgl. Hakim 2012: 29ff. und vgl. Treibel: 2000: 214ff.
63 vgl. Bourdieu: 1987:174ff. und vgl. Treibel: 2000: 214ff.
64 Selbstverständlich ist für die Zeugung das Sperma eines Mannes nötig. Für eine alleinstehende oder homosexuelle Frau ist es jedoch relativ einfach, schwanger zu werden, und ein *eigenes* Kind zu bekommen. Männer haben diese Option nicht.
65 vgl. Hakim: 2012: 31ff.

krichtungen, Festveranstaltungen, Kunst, Einrichtungsstil und Architektur, Essgewohnheiten und Getränke, Sportarten und Ausübung von Sport, Freizeitgestaltung et cetera. Die Unterschiede im Konsum und der Bereitschaft, dafür zu zahlen, fallen besonders bei drei Punkten auf: *Nahrung, Kultur* und *Selbstdarstellung* und *Repräsentation*.[66]

Vorweg eine Kritik an Bourdieu. Sein Werk „Die feinen Unterschiede" ist nicht wertungsfrei. Im Frankreich der siebziger Jahre waren Standesgrenzen sehr starr. Das Bildungssystem setzte sich aus normalen Bildungsinstitutionen und Eliteschulen und -unis zusammen. Hatte man „nur" eine normale schulische Laufbahn absolviert, war es unmöglich *ganz nach oben* zu gelangen. Die Absolventen dieser Eliteeinrichtungen waren eine verschworene Gemeinschaft und betrieben Vetternwirtschaft. Da Bourdieu selber nicht zur privilegierter Gruppe gehört, drückt er seinen Unmut über dieses System an vielen Stellen aus. Er wertet das Großbürgertum ab und hebt das Bildungsbürgertum, dem er angehört, positiv hervor.

2.3.2.1. Selbstdarstellung und Repräsentation

Das größte ökonomische Kapital hat das Großbürgertum inne. Dies wird von den Angehörigen dieses Milieus durch Konsum von Gütern der Selbstdarstellung und Repräsentation nach außen getragen. Dies sind Güter wie Kleidung (teuer und edel), Kosmetik (Frauen immer sorgfältig geschminkt und frisiert) und Personal (Butler, Hausmädchen, Chauffeur). Aufwendungen für Kultur sind beim Bildungsbürgertum im Vergleich am höchsten, deren Ausgaben für Selbstdarstellung aufgrund geringerer Vermögenswerte begrenzt. Den geringsten Aufwand bei Selbstdarstellung und Repräsentation hat die Arbeiterschaft. So verwenden die Frauen weniger Kosmetik, schminken sich seltener oder gar nicht und tragen preiswerte oder selbst geschneiderte Kleidung. Das Ideal der Unterschicht ist „natürlich". Die Frauen „machen" nichts aus sich. Mit sinkendem Sozialstatus steigt die Konfektionsgröße der Frauen an. Frauen der Oberschicht haben an ihr Aussehen höhere Ansprüche und arbeiten stets daran, attraktiv auszusehen. Und obwohl ihre Ansprüche an Schönheit größer sein dürften, als in der Arbeiterschaft, schätzen sich diese Frauen selbst trotzdem schöner und jünger ein, als es die Arbeiterinnen bei sich tun.[67]

---

66 vgl. Bourdieu 1987: 36ff. und 301ff.
67 vgl. Bourdieu 1987: 324ff.

2.3.2.2. Ernährung

Kleinunternehmer und „Neureiche" haben die höchsten Ausgaben für Nahrungsmittel, da sie gern und viel essen und werden von Bourdieu, da sie keine „Kultur" haben. Mit wenig schmeichelhaften Attributen tituliert er: „grobschlächtig im Geist", „dick an Körperfülle", „mit einer als ‚vulgär' wahrgenommenen Überheblichkeit" (Bourdieu 1987: 301). Diese Gruppe hat einen populären Geschmack und gehören eher zur Arbeiterklasse, nur dass sie über enormes ökonomisches Kapital verfügen. Sie essen fett und reichlich, tragen protzigen Schmuck und fahren prestigeträchtige Autos. Nicht müde wird er, zu betonen, wie schwer es die Intellektuellen haben: „Die höheren Lehrkräfte und Professoren schließlich, mit größerem kulturellen als ökonomischen Kapital und aus diesem Grunde auch in allen Bereichen zu asketischem Konsumverhalten gedrängt; (Bourdieu 1987: 301).[68]

Bei der Nahrung gibt es erhebliche Unterschiede zwischen den Klassen und den Berufsgruppen. In der Oberschicht (legitimer Geschmack) wird generelle eine leichte und schnelle Küche mit edlen und frischen Zutaten bevorzugt (Fisch, Rindfleisch, Gemüse). Nicht zuletzt deshalb, weil man sich der Auswirkungen der Nahrung auf Figur und Gesundheit voll bewusst ist. Der Präsentation der Nahrungsmittel und Ritualisierung der Nahrungsaufnahme kommen ein hoher Stellenwert zu. Ein schön gedeckter Tisch, für jeden Gang einen neuen Teller und Besteck et cetera. Die obere Mittelschicht (Lehrer, Ingenieure) eifert in dieser Hinsicht der Oberschicht nach. Mit steigendem Sozialstatus steigt die Vorliebe für exotische Speisen und Restaurants. Diese Gruppe hat auch verhältnismäßig hohe Aufwendungen für Kultur. Der populäre Geschmack der Arbeiter bevorzugt fleischreiche (Schwein), reichhaltige, fettige und lange und aufwendige zubereitete Speisen (Schmorbraten). Die Nahrungsmittel sind kräftigend und auf den Geschmack von Männer abgestimmt. Frauen hatten und haben andere Essgewohnheiten und „zartere" Hände, mit denen sie subtilere Nahrungsmittel, wie Obst, schälen, oder grätenreichen Fisch zerlegen können.[69] Der Zubereitung wird mehr Aufmerksamkeit geschenkt, als der Präsentation und Ritualisierung des Essens. Diese fettreiche Ernährung

---

68 vgl. Bourdieu 1987: 301ff.
69 vgl. Bourdieu 1987: 308; So beginnt nach Bourdieu das Mannsein mit einer Initiation: der Junge bekommt ein zweites Stück Fleisch auf den Teller. Bei Mädchen heißt die Initiation „Verzicht". Das Mädchen wird zur Frau und isst fortan nur ein halbes Stück Fleisch oder sogar Reste vom Vortag. (vgl. Bourdieu 1987: 313) Männliche und weibliche Essgewohnheiten im sozialen Kontext sind nach wie vor ein aktuelles Thema, mit welchem sich die Gender-Forschung beschäftigt. Empfehlenswert dazu: Monika Setzwein: Ernährung – Körper – Geschlecht. Zur sozialen Konstruktion von Geschlecht im kulinarischen Kontext.

ist ein Grund, warum Arbeiterinnen größere Konfektionen tragen, als die Damen der Mittel- oder Oberschicht. Der Körper ist die Objektivierung des Geschmacks einer Klasse und drückt dies besonders deutlich aus. So ist Mannschafts- oder Kraftsport bei Männern der Unterschicht bis zur Heirat, etwa Mitte zwanzig, üblich. Männer der Oberschicht pflegen prestigeträchtige Sportarten (Segeln, Reiten, Golf, Tennis), allerdings bis ins hohe Alter. Dem Körper und seinem jugendlich schlanken Erscheinungsbild wird in der Oberschicht viel Aufmerksamkeit gewidmet und dient der Repräsentation.[70]
Dass diese Aussagen zu Essverhalten und Sport heute noch gültig sind, bestätigt die Shell Jugendstudie von 2006. Sozial benachteiligte Jugendliche essen deutlich weniger Obst und Gemüse als privilegierte, trinken dafür wesentlich mehr zuckerhaltige Getränke wie Limonade oder Cola. Fast 40% der Jugendlichen der Unterschicht und nur 14% der Oberschicht treiben keinerlei Sport. Mädchen ernähren sich generell gesünder als Jungen, was mit der Sorge um das Gewicht und die Figur begründet wird. Diese Faktoren – ungesunde, kalorienreiche Ernährung und zu wenig Bewegung begünstigen die Entstehung von Übergewicht bei Jugendlichen und jungen Erwachsenen in der Unterschicht.[71] Es kann davon ausgegangen werden, dass das Verhalten von Jugendlichen und jungen Erwachsenen in Bezug auf Ernährung und Sport mit dem älterer Personen im jeweils gleichen Milieu analog ist.

2.3.2.3. Kultur

Die im Verhältnis größten Ausgaben für Kultur haben das Bildungsbürgertum und die obere Mittelschicht (Lehrer, Ingenieure). Die Bourgeoisie hat ebenfalls hohe Ausgaben, durch Objektivierung von Kunst. Die Frauen der Oberschicht haben weder finanziellen Sorgen noch Haushaltspflichten und deshalb die Möglichkeit, sich erbaulichen Dingen zu widmen: den Künsten und der Ästhetik. Sie vermitteln zwischen Ökonomie und Kunst.[72] Die drei Geschmäcker unterscheiden sich auch im Hinblick auf die Vorliebe künstlerischer Darstellungen. Der legitime Geschmack liebt die Kunst um der Kunst willen, auch abstrakte, und als bewusste Distinktion zum populären Geschmack, welche sehr realistisch ist. Der mittlere und populäre Geschmack beinhaltet Bilder, wegen der Darstellung als solche. Bourdieu vergleicht den populären Geschmack bei künstlerischen Darstellungen mit dem von Kindern, da niedliche und kitschige Motive wie sich

---
70 vgl. Bourdieu 1987: 301ff.
71 vgl. Shell Jugendstudie 2006: 92ff.
72 vgl. Bourdieu 1987: 325

an der Hand haltende Kinder, Sonnenuntergänge und Berglandschaften bevorzugt werden. Außerdem sind Erinnerungsfotografien der Familie beliebt.[73]

2.4. Eine illegitime Kunst

Eine weitere Frage, mit der Bourdieu sich beschäftige hat, ist, ob die Fotografie eine Alltagshandlung oder bereits eine Kunst ist. Fotografieren war im Frankreich der sechziger Jahre bereits ein beliebtes Hobby und weit verbreitet. Mit steigendem Einkommen, stieg die Zahl der Kameras signifikant an. In Deutschland 2012 ist die Fotografie vollkommen im Alltag und Alltäglichen angekommen. Fast jedes Handy hat einen integrierten Fotoapparat und sogar eine Videokamera. Mit der digitalen Fotografie wurde dieses Hobby nicht nur viel preiswerter, da keine „Filme" mehr gekauft und anschließend entwickelt werden mussten, sondern auch unmittelbarer, da das geschossene Bild sofort auf dem kleinen Bildschirm der Kamera zu sehen ist. Ist ein Foto „nicht geworden", können Fehler beim nächsten Bild sofort behoben werden. Bei dem herkömmlichen System mit Film und Negativ war das fotografische Ergebnis erst deutlich zeitversetzt zu sehen – und es offenbarte sich manche Überraschung beim ersten Betrachten der Bilder. Fotografie ist und war ein verhältnismäßig preiswertes Hobby, und bereits in den sechziger Jahren hatte in Frankreich fast jeder Haushalt eine Kamera. Ein Fotoapparat war eine ähnliches Statussymbol wie ein Fernseher. Da die Verbreitung zwar mit dem Einkommen stieg, aber das Interesse an der Fotografie allgemein verbreitet war, meint Bourdieu[74], „ es gebe eine ‚natürliche' Neigung zur Beschäftigung mit der Photographie, eine Neigung, die unabhängig von Milieu und individueller Lage konstant gedacht werden könne, da sie, gespeist von universellen ‚Motivationen' einerseits, die den Anreiz zum Handeln liefern, und der ‚Bremsen' andererseits, die im Einzelfall die Handlung verhindern." (Bourdieu 2006: 26)

Es gibt fünf Funktionen der Fotografie:

1. Schutz gegen die Zeit, Schutz vor Vergessen
2. Kommunikation mit dritten als Ausdruck von Empfindungen und Emotionen
3. Selbstverwirklichung
4. gesellschaftliche Anerkennung
5. Zerstreuung, Flucht aus dem Alltag[75]

---

73 vgl. Bourdieu 1987: 104
74 vgl. Bourdieu 2006: 25f.
75 vgl. Bourdieu 2006: 26

Fotos bewahren Abbilder aus vergangen Tagen. Sie zeigen die Jugendlichkeit und Schönheit von Menschen, die längst verwelkt ist. Sie dokumentieren das Heranwachsen der Kinder. Sie erinnern an vergangene Ereignisse und Begebenheiten, die man sonst vielleicht vergessen hätte. Beim gemeinsamen Anschauen mit anderen Personen werden Erinnerungen geweckt, Kommunikation in Gang gesetzt. Gefühle können mit und durch Fotografien ausgedrückt werden. Der Fotograf kann Alltägliches spektakulär in Szene setzen, einen Menschen oder Gegenstand besonders vorteilhaft betonen. Diese besondere Betonung ist eine alltägliche Arbeitsweise in der Werbung, wo Gegenstände ansprechend präsentiert werden sollen. Im Alltag war und ist das Fotografieren besonderer Ereignisse, wie Hochzeiten, eine gängige Praxis.

Für Bourdieu ist Fotografieren, gleichwohl es oft als solches bezeichnet wird, keine Kunst. „Richtige" Künste wie Musizieren, Malen oder bildende Kunst, brauchen nicht nur Talent, sondern auch eine fundierte Ausbildung. Besonders das Erlernen eines Instruments dauert Jahre und beinhaltet verschiedene Facetten, zum Beispiel das Lesen von Noten. Um zu Fotografieren ist keine oder nur eine kurze Ausbildung nötig. Im Prinzip kann sofort nach dem Lesen der Gebrauchsanweisung des Fotoapparates begonnen werden. Trotzdem ist die Fotografie keine reine Alltagshandlung, da in ihr eine bestimmte Ästhetik zum Ausdruck gebracht wird. Der fotografierte Gegenstand ist es dem Fotografen *wert,* bildlich festgehalten zu werden. Es ist eine künstlerische Handlung, eine individuell schönes Bild zu schaffen. Was schön ist, bestimmt jeder selbst. Es ist eine „illegitime", keine „richtige" Kunst. Als vollwertige Kunst wird sie vor allem von denjenigen verstanden, die keine „richtige" erlernt haben. Da Bourdieu in „Den feinen Unterschieden" hervorhebt, dass Angehörige der Oberschicht, Bourgeoisie und Bildungsbürgertum, und oberen Mittelschicht dem kulturellen Kapital und Erlernen geeignete Künste, wie dem Spielen von prestigeträchtigen Instrumenten, einen hohen Stellenwert zukommen lassen, ist davon auszugehen, dass diejenigen, die Fotografieren mangels anderer Kunstfertigkeiten als Kunst betrachten, vor allem Angehörige der Mittelklasse und Unterschicht sind.

3. Methode und Empirie

In der Analyse wurden von jeder der drei Zeitschriften jeweils drei Exemplare untersucht. Je ein Exemplar vom letzten Winter 2011/2012, eins aus dem Frühling 2012 und eines vom Sommer 2012. Die Unterschiede in den drei Ausgaben sollen einen jahreszeitlichen Rhythmus erkennen lassen, insofern einer vorhanden ist. Besonders die Exemplare der Vorweihnachtszeit sind im Hinblick auf die möglicherweise gehäuft auftretende Werbung interessant. Bei der Auswertung fiel als erstes auf, dass die Gesamtzahl der Bilder in den drei verschiedenen Zeitschriften stark variiert. Die Gesamtzahl bezieht sich jeweils auf alle drei untersuchten Exemplare zusammen und alle beinhalteten Bilder von Frauen oder großen Teilen von Frauen, die sowohl in den Werbeanzeigen als auch in der Zeitschrift selber zur Illustration abgebildet sind. Die Gesamtzahl variiert im Hinblick auf den Zeitungsumfang, da die „Elle" deutlich umfangreicher ist als die „Freundin" und die „Freundin" dicker als die „Frau im Trend". Dies begründet sich zum Teil im Erscheinungsrhythmus. Die „Elle" erscheint monatlich, die „Freundin" alle zwei Wochen und die „Frau im Trend" jede Woche. Auffällig war, dass die „Elle" der Vorweihnachtszeit fast doppelt so dick ist, wie das entsprechende Sommerexemplar. Eine konkrete Seitenzahl anzugeben, kann nur durch auszählen erreicht werden, denn die ersten Doppelseiten der „Elle" enthalten nur Werbung, die bei der Seitenzahlangabe nicht oder nur zu einem kleinen Teil gezählt wurde. Seitenzahlen werden in der „Elle" und der „Freundin" gehäuft nicht angegeben, wenn im Bereich der Stelle, an der die Seitenzahl stehen sollte, ein Bild oder Werbung abgebildet ist.

Bei der Auswahl der Zeitschriften sollten möglichst viele Determinanten ähnlich oder gleich sein, außer der Schichtzugehörigkeit der Leserschaft, um einen Milieuvergleich der dargestellten Schönheitsbilder zu ermöglichen.

Die drei Zeitschriften unterscheiden sich im Hinblick auf ihre Typisierung. Nach Lingens gibt es vier Haupttypen von Frauenzeitschriften: Klassische Frauenzeitschriften, Spezialzeitschriften für Frauen, unterhaltende Frauenzeitschriften und feministische Frauenzeitschriften. *Klassische Frauenzeitschriften* können beratend, beratend/ unterhaltend oder Gesellschaftszeitschriften sein. Spezialzeitschriften für Frauen lassen sich unterteilen in: Handarbeits- und Modezeitschriften, Haushalts-/ Rezeptzeitschriften, Wohnen/ Garten/ Haus und Familien-/ Elternzeitschriften. Feministische Frauenzeitschriften haben keine Unterpunkte[76].

Nach Fröhlich sind sowohl die „Elle" als auch die „Freundin" „klassische Frauenzeitschriften". Die „Elle" ist eine „Gesellschaftszeitschrift" (wie „Vogue" und Madame") und die „Freundin" eine beratende Frauenzeitschrift. Die „Frau im Trend" ist bei Fröhlich nicht mit angeführt. Ähnliche Zeitschriften wurden von ihr bei „unterhaltende Frauenzeitschriften" eingeordnet unter dem Unterpunkt „unterhaltende Wochenzeitschriften", da die „Frau im Trend" dieser Klassifizierung entspricht und den unter diesem Unterpunkt eingeordneten Zeitschriften vom Habitus her ähnelt, kann sie hier eingeordnet werden.[77]

3.1. Der Verlag

Alle drei Zeitschriften entstammen dem „Hubert Burda Media Verlag". Der Verlag hat in Deutschland eine lange Tradition und wurde mit „BURDA MODEN" von Aenna Burda weltberühmt: In der Nachkriegszeit sehnten sich die Frauen nach Mode und Chic, aber für die Durchschnittsfrau war Haute Couture aus Paris unerschwinglich und unerreichbar. Auch internationale Modezeitschriften wie die Vogue waren sehr teuer und die darin abgebildete Mode für viele Frauen zu extravagant. 1950 gründete Aenne Burda die Modezeitschrift „Burda Moden". Ab 1952 lagen der Zeitschrift erstmals Schnittmusterbögen Pariser Modellen nachempfundenen und gleichzeitig tragbarer gemachten, weniger extravaganten Kleidern bei, und ermöglichten es so jeder Frau, sich modische Kleider passgenau und preiswert nachzuschneidern. Dieses Konzept funktionierte, die Auflagenzahlen stiegen rasch, die Zeitschrift wurde in 14 Sprachen übersetzt und es gab sie praktisch weltweit zu kaufen. Ab den 1980er Jahren sanken die Auflagenzahlen, da Kaufhäuser erstmals begannen, modische Kleidung preiswert anzubieten, und so der Aufwand des Selber-Nähens nach und nach obsolet wurde. Auch sich immer schneller wandelnde Moden wirken diesem Hobby entgegen, denn das Schneidern braucht Zeit. Zunächst mussten Schnittmusterbögen hergestellt und verkauft werden. Nach dem Sichten des Schnittmusterbogens folgte die Auswahl und der Kauf des Stoffes, Der Zuschnitt, das Nähen, Anproben, Nachbessern. Die angebotene Kaufhausmode war bereits fertig konfektioniert und musste nur anprobiert werden. Die Kosten waren vermutlich sogar geringer, als beim Selberschneidern (es musste nicht nur Stoff gekauft werden, sondern auch mannigfältiges essentielles Schneiderzubehör wie farblich exakt passen-

---
76 vgl. Lindgens 1982: 336ff.
77 vgl. Fröhlich 1995: 138ff.

des Garn, Reißverschlüsse, Schnallen oder Knöpfe, deren Kosten sich rasch summierten). Heutzutage ist die Fertigkeit, ein „richtiges" aufwendiges Kleidungsstück zu schneidern, der Durchschnittsfrau nicht mehr gegeben.[78]

3.2. Die Auswahl der Zeitschriften

Die drei für die Analyse ausgewählten Zeitschriften sollten sich an jüngere Frauen richten, jedoch unterschiedliche Einkommensschichten als Zielgruppe haben. Zur Bestimmung des Einkommens der Leserinnen wurden die öffentliche Mediadaten der MA Reichweiten von Axel Springer[79] verwendet und die auf diesen Daten basierenden Angaben der drei Zeitschriften bei ihren Onlineauftritten bei „Hubert Burda Media" (die Vorstellung des Printmediums im Internet)[80]. Zeitschriften sind verpflichtet diese Daten zu veröffentlichen, um zu beweisen, dass ihre eigenen Angaben nicht geschönt wurden. Der Sinn dieser Daten ist die Höhe der Preise für Werbung festzulegen. Um so beliebter eine Zeitschrift und um so exakter die Zielgruppe bestimmt ist, um so teurer sind die Werbeanzeigen. Eine möglichst exakte Bestimmung der Zielgruppe lässt eine maßgeschneiderte Werbung zu, die die Zeitschriften entsprechend vergütet bekommen. Um verschiedene Magazine im Hinblick auf den Kosten und Nutzen von Werbung besser vergleichen zu können, wurde der Tausender-Kontakt-Preis (TKP) eingeführt. Dieser gibt an, was es die Werbenden ganz konkret kostet, 1000 potentielle mögliche Kunden zu erreichen.

Die Einnahmen von Zeitschriften setzen sich aus zwei Komponenten zusammen: aus dem Betrag, den die Zeitschrift kostet und der in ihr enthaltenen Werbung. Um so spezifischer die Zielgruppe, um so attraktiver wird die Zeitschrift als Werbeträger. So ist auch die in den Zeitschriften enthaltene Werbung ein Indiz für die Liquidität der Leserinnen und Leser.

Es wurden bewusst Printmedien für die Analyse ausgewählt, da Onlinemedien die Zielgruppe weiter einengen. Es müssen bestimmte Voraussetzungen geschaffen sein, eine

---

78 vgl. Thoennes 2007: 7ff. und http://www.hubert-burda-media.de/unternehmen/historie/aenne-burda/ (Stand: 14.08.2012)
79 vgl. http://www.ma-reichweiten.de/ (Stand: 14.08.2012)
80 vgl. http://www.burda-community-network.de/marken/zeitschriften/frau-im-trend-lesen-wos-langgeht_aid_44.html (Stand 16.08.2012) und
vgl. http://www.burda-community-network.de/marken/zeitschriften/elle-der-wahre-stil-_aid_3.html (Stand 16.08.2012) und vgl.
http://www.burda-community-network.de/marken/zeitschriften/freundin-die-lust-am-leben_aid_23.html (Stand 16.08.2012)

digitale Zeitschrift zu lesen, zum Beispiel ein Internetanschluss und Computerkenntnisse. Im Onlineprofil der „Elle" werden die digitale Variante der Zeitschrift und das Printmedium gegenüber gestellt. Die Nutzerinnen der Onlinevariante sind noch besser gebildet und deutlich jünger als die Leserinnen der gedruckten Ausgabe. Dies könnte daran liegen, dass die älteren Leserinnen möglicherweise keinen Internetzugang und Computer besitzen, oder am Althergebrachten, der gedruckten Variante, festhalten. Es haben nur die „Freundin" und die „Elle" eine Onlinevariante ihres Magazins, die „Frau im Trend" nicht. Die „Frau im Trend" erfüllt damit nicht die Voraussetzungen, da sie nur in gedruckter Version existiert.

3.2.1. Vorstellung der Zeitschriften

3.2.1.1. „Elle"

Das schreibt die „Hubert-Burda-Media":

„Kerndaten

ELLE Verlag GmbH

Auflage: 204.961 (Verkaufte Auflage IVW II/2012)

Reichweite: 1,0 %; 0,69 Mio. Leser (MA 2012/II)

Copypreis: 5,50 Euro

Erscheinungsweise: monatlich

ELLE ist mit 43 Ausgaben das führende Fashionmagazin weltweit. Es wird in mehr als 90 Ländern gelesen und gehört zu den größten und bekanntesten Medienmarken weltweit. ELLE spricht die moderne, gebildete, selbstbewusste Frau zwischen Mitte 20 und Ende 40 an. Die ELLE-Leserin verfügt über ein überdurchschnittlich hohes persönliches und HHN[81]-Einkommen, ist sehr qualitätsbewusst und konsumiert markenorientiert.

ELLE ist Stilberater, kein Stildiktator; ELLE hat Stil, ist aber kein Snob; ELLE lebt Luxus ohne Allüren; ELLE hat Charakter und keine Berührungsängste; ELLE taucht ein, wo andere abschalten; ELLE setzt Trends statt zu kopieren." (http://www.hubert-burda-media.de/geschaeftsfelder/verlage-inland/marken/-elle_aid_8251.html Stand 14.08.2012)

---

81 HHN: Haushaltsnettoeinkommen

Die „Elle" gehört in Deutschland zu den hochpreisigen Frauenzeitschriften. Sie ist eine klassische Frauenzeitschrift, genauer eine Gesellschaftszeitschrift.[82] Die direkten Konkurrenten sind „Vogue" und „Madame". Sie hat einen relativ festen hochglänzenden Einband und vermittelt einen hochwertigen Eindruck. 79% der „Elle" Leserinnen sind berufstätig oder befinden sich in der Ausbildung. 31% verdienen relativ wenig „bis unter 1000€", dies könnte auf den verhältnismäßig großen Anteil der noch in Ausbildung befindlichen Frauen zurückzuführen sein. 38% verdienen 1500€ und mehr. Der relativ hohe Verdienst ist auf das höhere Bildungsniveau zurückzuführen. 42% haben Abitur, 22% einen abgeschlossenen Hochschulabschluss. Zum Vergleich: Die Leserinnen der „Freundin" haben zu 27% Abitur und 12% einen universitären Abschluss, die Leserschaft der „Frau im Trend" hat zu 12% Abitur und zu 5% studiert. Die Unterschiede im Bildungsniveau begründen den unterschiedlichen Verdienst der Frauen. Das Durchschnittsalter liegt laut „Elle" bei 40,0 Jahren. Die „Elle" enthält sehr viele großformatige Werbeanzeigen und sehr viele Modelfotos auf künstlerischem Niveau.

„Elle" Leserinnen sind also verhältnismäßig jung, hoch gebildet und verdienen gut. Sie sind interessiert an den klassischen Themen von Frauenzeitschriften, wie luxuriöser Kosmetik, hochwertiger Mode und exklusiven Reisen und befinden sich in der Situation, sich diese Konsumgüter selber kaufen zu können.

3.2.1.2. „Freundin"

Das schreibt die Hubert-Burda-Media:

„Kerndaten

Freundin Verlag GmbH

Auflage: 412.087 (Verk. Auflage IVW II/2012)

Reichweite: 2,7 %; 1,89 Mio. Leser (MA 2012/II)

Copypreis: 2,60 Euro

Erscheinungsweise: 14-täglich

Freundschaft ist eine der wenigen Konstanten im Leben. Freundinnen begleiten und unterstützen sich oft über Jahrzehnte, coachen sich gegenseitig und probieren gemeinsam Neues. Ob Mode, Schönheit, Ernährung, Reisen, Beruf oder Unterhaltung – zusammen macht Entdecken mehr Spaß!

FREUNDIN steht für Lifestyle mit Nutzwert. Unter der Leitung von Ulrike Zeitlinger

---

[82] vgl. Fröhlich 1995: 141 und vgl. Lingens 1982: 336ff.

und ihrem Redaktionsteam wird das Heft alle zwei Wochen zu einer reichhaltigen Inspirationsquelle und einem kompetenten Lebensbegleiter. FREUNDIN will ihre Leserin „leichter leben" lassen und zeigt Lösungen, die das Leben schöner und einfacher machen.

FREUNDIN informiert, involviert, inspiriert und integriert. Ihr emotionales redaktionelles Konzept vermittelt ein unverwechselbar positives und optimistisches Lebensgefühl – von der ersten bis zur letzten Seite. FREUNDIN erreicht 1,89 Mio. (MA 2012/II) aufgeschlossene, trendbewusste, optimistische und lebensbejahende Frauen."

(http://www.hubert-burda-media.de/geschaeftsfelder/verlage-inland/marken/-freundin_aid_8264.html (Stand 14.08.2012)

Dieses optimistische Lebensgefühl wird durch die größtenteils lachenden und lächelnden Models verstärkt und der Leserin vermittelt. Zum Vergleich: In der „Elle" lassen die Models deutlich weniger positive (und negative) Emotionen erkennen. Die Papierqualität ist relativ gut und der Einband hochglänzend und etwas fester als die übrigen Seiten. Das Cover ähnelt vom Aufbau und dem Layout her dem der „Elle".

Die „Freundin" ist eine klassische Frauenzeitschrift mit beratender Funktion[83]. Diese Beratung betrifft soziale Aspekte (Liebe/ Partnerschaft/ Sexualität) und die Themenbereiche Fashion und Beauty: „freundin zeigt Lösungen, die das Leben schöner, aufregender und leichter machen" (BCN Burda Community Network: „Freundin" Objektprofil 2012: 12) und „freundin übersetzt für ihre Leserinnen die aktuellen Mode- und Accessoires-Trends: Welcher Look steht mir? Was kann ich kombinieren? Und wie kann ich meinen Basic-Style aufpeppen?" (BCN Burda Community Network: „Freundin" Objektprofil 2012: 13) Diese Zitate bringen zum Ausdruck, was unter dieser Ratgeberfunktion im zu verstehen ist.

Beim Onlineauftritt der BCN Burda Community Network werden die Werbenden angesprochen. Wie bei „Elle" kann auch zur „Freundin" ein aufwendig gestaltetes Objektprofil heruntergeladen werden, in dem neben sehr vielen Bilder und Grafiken zum TKP (Tausender-Kontakt-Preis) angesehen werden können. Der potentielle Werbende wird in diesen Grafiken darüber informiert, dass mit „Freundin" zahlreiche an den Themen Mode, Beauty, Reisen, Einrichten und Ähnlichem interessierte Leserinnen erreicht werden, und der TKP bei der „Freundin" im Vergleich zur direkten Konkurrenz („Brigitte"

---

[83] vgl. Fröhlich 1995: 141 und vgl. Lindgens 1982: 336ff.

und „Für Sie") günstiger ist. Der Altersdurchschnitt der Leserinnen liegt bei 43,2 Jahren, welcher geringer ist als bei der direkten Konkurrenz. Deshalb ist sie für diese Untersuchung geeignet, da hier die von jüngeren Frauen frequentierte Zeitschriften im Focus stehen.

Nach der Titelstruktur von Axel Springer MA Reichweiten liegt das durchschnittliche persönliche Netto-Einkommen bei 77% in dem Bereich bis unter 750€ bis bis unter 2000€. 9% verdienen 2000€ und mehr, 15% haben kein eigenes Einkommen. Die Leserinnen der Freundin sind nicht die konsumstärksten, sondern liegen im Mittelfeld. Trotzdem sind die berufstätigen oder noch in Ausbildung befindlichen Leserinnen in der Lage, Konsumgüter zu erwerben und selbst zu bezahlen. Dass sich die Leserinnen gerne etwas leisten und auch wofür sie ihr Geld ausgeben (interessiert an Mode, Wohnungsdekoration, Reisen...) wird in zahlreichen Tabellen und Grafiken im Onlineprofil dargestellt. Der Bildungsgrad der Leserinnen liegt hauptsächlich in den mittleren bis oberen Bereichen, also „Haupt-/ Volksschule mit Lehre" bis „Fach-/ Hochschulreife mit Studium" mit insgesamt 89%. Allein 39% haben einen Abschluss der mittleren Reife. Es ist nicht das Ziel jeder Zeitschrift, die konsumstärkste Leserschaft zu erreichen, sondern eine exakt definierte Zielgruppe, was hier erreicht wurde. Das Preis-Leistungs-Verhältnis für Werbeanzeigen und der Tausender-Kontakt-Preis sind für die Leser einer Zeitschrift ohne Belang, und betreffen Werbende. Aber „passende" Werbung gehört zum Layout und Gesamteindruck einer Zeitschrift dazu. Werbung muss sich in das Konzept des Mediums einfügen. Es würde manche potentielle Leserin der Zeitschrift vom Kauf abhalten, wenn ihr beim Durchblättern am Zeitungskiosk nur Werbung mit Maschinenteilen und Zahnrädern für technische Anlagen auffallen würde. Umgekehrt würden die Hersteller von Maschinenteilen in der „Freundin" kaum potentielle Kunden erreichen.

3.2.1.3. „Frau im Trend"

Das schreibt die Hubert-Burda-Media dazu:

„Kerndaten

Burda Senator Verlag GmbH

Auflage: 312.359 (Verk. Auflage IVW II/2012)

Reichweite: 1,3 %; 0,88 Mio. Leser (MA 2012/II)

Copypreis: € 0,80

Erscheinungsweise: wöchentlich

FRAU IM TREND ist die aktuelle Info-Illustrierte für Frauen, die ihr Leben aktiv in die

Hand nehmen und zeitgemäß gestalten wollen. Eine nutzwerte Zeitschrift, die mit emotionaler Ansprache mehr als trockene Fakten vermittelt und die Leserinnen so auf angenehme Weise durch ihre Lebenswelten begleitet.

Der Themenmix des serviceorientierten Magazins, das momentan 880.000 (MA 2012/II) Leserinnen erreicht, umfasst die Bereiche Gesundheit, Schönheit und Wellness, Diäten, Ratgeber sowie hilfreiche Haushalts- und Reisetipps. Zusätzlich erscheinen die FRAU IM TREND-Spezialhefte "Gute Küche" und "Wohnen & Wohlfühlen"."

(http://www.hubert-burda-media.de/geschaeftsfelder/verlage-inland/marken/-frau-im-trend_aid_8257.html Stand: 14.08.2012)

Die „Frau im Trend" hat, im Gegensatz zu „Elle" und „Freundin" kein aufwändig gestaltets Objektprofil, sondern lediglich ein Factsheet zum Download. Dies beinhaltet die Kerndaten und eine Tabelle zum Leserschaftsprofil. Diese Tabelle beruht auf den Daten der „Axel MA Reichweiten". So sind 94% der Leserschaft der „Frau im Trend" weiblichen Geschlechts mit größtenteils (88%) niedrigem Bildungsgrad (Haupt- und Volksschule mit und ohne Lehre) bis „weiterführende Schulen ohne Abitur". Es fällt die geringere Papier- und Druckqualität auf. Im Gegensatz zu den vorangegangenen Zeitschriften hat die „Frau im Trend" kein Hochglanzcover und keinen festeren Einband (fester als die übrigen Seiten der Zeitschriften). Die Leserinnen liegen hauptsächlich in der Altersspannweite von 30-70 Jahre und älter. 74% liegen im Range von 30-69 Jahren. Im Vergleich zur „Freundin" wird die „Frau im Trend" auch von älteren Damen gelesen. Aber der Range der Altersspanne ist relativ weit gefasst und deshalb wurde sie stellvertretend für die preiswerten *Women's Weeklies* für diese Analyse ausgewählt. Das persönliche Einkommen liegt bei 78% von unter 750€ bis unter 1500€. Die Leserinnen der „Frau im Trend" sind etwas älter, haben einen relativ niedrigen Bildungsgrad und verdienen weniger als die Leserinnen der Zeitschrift „Freundin" und „Elle". Sie ist gut geeignet, um das Frauenbild in Frauenzeitschriften der unteren Klassen und Milieus zu repräsentieren. Die „Frau im Trend" ist eine wöchentlich erscheinende *unterhaltende* Frauenzeitschrift[84].

---

84 vgl. Fröhlich 1995: 143 und vgl. Lindgens 336ff.

3.3. Bildertypen

Die Bilder in Frauenzeitschriften stammen aus zwei Quellen. Die einen sind in in der Zeitschrift platzierten Werbung zu finden, die anderen stammen aus eigenen (in Auftrag gegebenen) Shootings und wurden speziell für bestimmte Themen angefertigt.

Diese Fotografien stellen Frauen auf ganz verschiedene Art und Weisen in bestimmten Situationen dar. Die einen haben den Zweck, Mode und Trends zu präsentieren, die anderen sollen zum Kauf bestimmter Produkte animieren, wieder andere unterstreichen und illustrieren ein Artikelthema, wobei sich besonders in der „Elle" zeigt, dass relativ harmlose oder auch recht banale Themen durch ganz besonders auffällige und aufwendige Frauengestalten ausgeschmückt werden.

Bei der erfolgten Untersuchung wurden die Bilder „in der Tiefe" betrachtet. Der „erste Eindruck" ist für eine Fotografie besonders in der Werbung maßgeblich, trotzdem war eine gründlichere Betrachtung nach den Regeln einer klassischen Bildinterpretation notwendig. Es wurden nur Aufnahmen von Frauen, deren Gesichtern oder großen Teilen davon berücksichtigt (keine einzelnen Augen oder isolierte Münder, wohl aber ein Torso). Bilder von Kindern, Männern oder Gegenständen (Tuben und Tiegeln mit Cremes, Lippenstifte, Taschen, Schuhe und so weiter) wurden ignoriert. Bilder von Männern oder Kindern finden sich nur in sehr geringer Zahl und wurden nicht betrachtet.

Mit Hilfe des nachfolgenden Kriterienkataloges wurde jedes einzelne Bild von Frauen analysiert. Der Kriterienkatalog analysiert die Fotos nach bestimmten Richtlinien. Er ordnet die Bilder ein. Das Ergebnis in tabellarischer Form erfolgt am Ende dieses Kapitels. Aufgrund mangelnder etablierter soziologischer Methoden, Bilder auszuwerten, hat die Autorin dieser Analyse diesen Kriterienkatalog selbst entwickelt. Sie orientiert sich dabei an der klassischen Bildinterpretation aus dem Kunstbereich.[85]

3.3.1. Kriterienkatalog

3.3.1.1. Der Gesamteindruck

Was ist wo dargestellt? Eine Alltagsszene (Familie isst Frühstück am Küchentisch), eine Portraitaufnahme, eine klassische Studioaufnahme (Model wird vor einem neutralem Hintergrund abgebildet) oder handelt es sich um eine künstlerisch aufwendig inszenierte Darstellung? Entführt uns der Fotograf in ferne Länder, an exotische Orte, in mär-

---

[85] Muckenhaupt beschäftigt sich in seinem Werk „Text und Bild" mit bewegten Bildern und Früh geht in der „Inhaltsanalyse" auf Texte ein. Ein Richtfaden für soziologische Bildanalysen stellt eine Lücke im Forschungsstand dar.

chenhafte Wälder oder in eine andere Zeit? Oder doch nur in die Wohnung „nebenan"? Künstlerische Fotografien unterscheiden sich von den alltäglichen sowohl durch die aufwändige Beleuchtung, als auch durch die Bildkomposition mit dem Hintergrund, mit den Farben der einzelnen Bildkomponeneten und anderen verwendeten stilistischen Mitteln (zum Beispiel ein farblich zur Bildkomposition passender oder kontrastierender Cocktail). Alle Elemente entsprechen Farbflächen, die von der Größe und der Farbe her harmonieren oder kontrastieren sollten. Der Blickpunkt befindet sich idealerweise im Goldenen Schnitt.

Handelt es sich um eine Werbeaufnahme oder eine Illustration eines Artikels? Kommt das Bild also „von außen" in die Zeitschrift, oder „von innen". In welcher Zeitschrift befindet sich das Bild und in welcher Jahreszeit wurde die Zeitschrift herausgegeben? Markant ist der enorme Anstieg der Werbung in der Vorweihnachtszeit.

3.3.1.2. Der Hintergrund

Aus welchen Elementen setzt sich der Hintergrund zusammen? Ist er neutral (Studioleinwand), zeigt er eine Strandszene, eine Wüstenlandschaft oder „nur" den heimischen Küchentisch? Befinden sich Tiere, Fabelwesen, Statuen oder andere prägnante Gegenstände auf dem Bild?

In der Malerei spielte in früheren Jahren der Hintergrund eine zentrale Rolle und stellte fast ein Bild im Bild dar. Der Hintergrund wurde aufwändig gestaltet, stellte ganze Landschaften dar (Mona Lisa). Erst in der Moderne wurde der Hintergrund obsolet. Er lenkt mitunter vom Wesentlichen ab. Es ist sogar überhaupt nicht „modern", einen derartig unruhigen Hintergrund zu haben. So ist bei der Fotografie in der freien Natur stets der Hintergrund im Auge zu behalten. Er sollte sich in übersichtliche Flächen gliedern, die miteinander harmonieren oder Spannung erzeugen.[86]

3.3.1.3. Zur Person

Befinden sich eine oder mehrere Frauen auf dem Bild? Handelt es sich um eine Großaufnahme des Gesichts, eines Torsos oder ist es eine Ganzkörperfotografie?

Menschen zu fotografieren ist eine besondere Herausforderung. Im Gegensatz zu Gegenständen halten sie nicht „still". Nicht jeder Mensch ist fotogen. Fotogen bedeutet, dass eine Person auf Fotografien gut aussieht und natürlich wirkt. Nicht jeder Mensch hat diese Eigenschaft und manche wirken gekünstelt oder verbissen.

---

86 vgl. Siegel 2006: 84ff.

Im Gegensatz zu den Laufstegmodels müssen Fotomodelle nicht ganz so groß sein. Stimmige Proportionen (Taille-Hüfte und Oberkörper-Beine) sind wichtiger, als reale Größenangaben. Mit Perspektive kann der Fotograf dem Model zusätzliche Größe verleihen.[87]

3.3.1.4. Der Blick

Schaut die Frau den Betrachter direkt an, oder besser, blickt sie direkt in die Kamera? Scheint sie einen anzusehen? Scheint sie dem Betrachtenden tief in die Augen zu schauen oder blickt sie durch den Betrachter hindurch, starrt gewissermaßen ins Leere? Oder schläft die Frau? Schaut sie weg, ist nur von hinten zu sehen oder hat sie „keinen Kopf".
Augenkontakt ist als Körpersprache ein nicht zu unterschätzendes Element. Das Frauen im westlichen Kulturkreis in der Öffentlichkeit den Blick nicht senken ein relativ neuartiges Phänomen. Erst mit der zunehmenden Emanzipation, wurde es einer Frau gesellschaftlich gestattet, anderen (Männern) in die Augen zu schauen. Auch rangniedere Personen hatten vor ranghöheren den Blick zu senken. In orientalischen Kulturkreisen blicken Frauen zumindest fremde Männer nicht an. Tiefer Blickkontakt kann sowohl als Flirt mit einem potentiellen Partner (meist vom anderen Geschlecht) oder aber als Provokation verstanden werden (dies meist beim gleichen Geschlecht: wer ist dominanter, wer senkt zuerst den Blick und eher unter Männern).

3.3.1.5. Der Gesichtsausdruck

Zeigt das Model Emotionen (Niedergeschlagenheit, Traurigkeit, Freude) oder wirkt das Gesicht durch das Fehlen jeden Ausdrucks neutral oder sogar maskenhaft erstarrt? Ist überhaupt ein Gesicht zu sehen?
Unsere Gesellschaft ist von Emotionen durchdrungen. Während noch in den Anfängen der Fotografie strenge und ernste Gesichter dominierten, hat sich heute das „Fotografierlächeln" durchgesetzt. Jeder hat es bei einer großen Familienfeier, einem Ausflug mit dem Verein oder am Ende einer Tagung schon mitgemacht: das Gruppenbild. Alle stellen sich nach der Größe sortiert auf und jetzt: Bitte alle lächeln!

---

87 vgl. Lehre der Proportionen: http://malen-malerei.de/proportionsregel-menschen-zeichnen (Stand03.09.2012)

3.3.1.6. Die Pose

Steht das Model ganz natürlich da, sitzt oder liegt es? Wirkt die Pose gestellt, künstlich oder hölzern? Verrenkt sich die Dame unnatürlich die Glieder oder ist (wirkt) sie ganz entspannt? Nimmt das Model ein raumgreifende, dynamische oder auch dominante Pose ein? Steht sie breitbeinig da oder streckt sie die Arme aus? Posen, die in (scheinbarer) Bewegung aufgenommen wurden, vermitteln immer Dynamik. Und „dynamisch" ist gleich jugendlich fit.

Eine Pose ist sowohl die Positionierung des Models im Raum, als auch die Körperhaltung. Posen bedeutet, sich fotogen vor der Kamera zu bewegen oder besser zurechtzurücken. Es gibt traditionelle Posen. Ähnlich wie beim Tanz steht die Dame (Männer posen anders) auf dem Standbein und stellt das andere locker davor, aber ohne es richtig aufzustellen. Der Oberkörper wird aufgerichtet, Schultern zurück, Brust raus, Bauch rein. Die Hüften werden etwas eingedreht, ein Arm locker in der Taille aufgesetzt, der andere hält die Handtasche. Diese Übungen haben einen Zweck: das Model möglichst elegant und vor allem *schlank* darzustellen. Diese Pose ist leicht einzustudieren und rückt tatsächlich jede Frau ins rechte Licht.[88]

3.3.1.7. Licht und Schatten; Kontraste

Sind harte Kontraste erkennbar? Ist zum Beispiel ein Gegenstand oder eine Person gegen einen hellen Hintergrund fotografiert (und so wie ein schwarzer Schatten wirkend) oder bilden sich lange Schlagschatten? Gibt es überhaupt Schatten? Auch schwarz-weiß Aufnahmen haben einen hohen Kontrast. Künstliche Schatten wurden bereits in der Malerei vergangener Jahrhunderte verwendet. Sie sind ein künstlerisches und gestalterisches Element und sehr gut in der Fotografie als stilistisches Mittel einsetzbar. Mit Hilfe von Lichtmessern, Scheinwerfern, reflektierenden „Schirmen" die indirektes Licht geben und Blitzlichtsystemen kann im Prinzip jede Lichtsituation im Studio künstlich erzeugt werden. Unter freiem Himmel funktioniert dies nur teilweise, natürliche Lichtverhältnisse setzen der Technik Grenzen.[89]

---

[88] vgl. Siegel 2006: 84ff.
[89] vgl. Siegel 2006: 60ff. In diesem Werk über Modefotografien wird das Thema Licht ausführlich behandelt. Das „richtige" Licht ist ein ausschlaggebendes Kriterium für ein Foto.

3.3.1.8. Farbe

Sind die Farben natürlich, unnatürlich verstärkt, grell, verwaschen, blass oder ist alles schwarz-weiß? Sind die Farben harmonisch oder „beißen" sie sich? Schwarz und weiß sind keine Farben, werden hier aber der Einfachheit halber als solche gewertet. Die Farbenlehre wird in jedem Buch, welches sich mit Malerei, farblichem Gestalten oder Ähnlichem beschäftigt, genau erörtert. Sogar in Büchern über Balkonblumen findet sie Beachtung. Diese sehen „schöner" aus, wenn man beim Zusammenstellen die Farbenlehre beachtet. Im Farbkreis sind alle Farben nach einem bestimmten Schema angeordnet. Entwickelt wurde es 1810 durch den Maler Philipp Otto Runge. Sich gegenüberliegende Farben sind Komplemetärfarben. Sie haben miteinander den größtmöglichen, spannendsten Farbkontrast und „leuchten" gemeinsam besonders intensiv (Beispiel: gelb und blau). Im Farbkreis nebeneinander liegende Farben aus derselben Farbfamilie sind harmonischer und schaffen ein ruhigeres Bild (Beispiel: türkis und blau). Nachzulesen und zu sehen beispielsweise im vorderen Einband bei Böhlich: 1990 und ebd. 49ff. im Kapitel „Farbiges Gestalten" oder Jachertz/ Strauß: 2006: 4ff...

3.3.2. Folgende Bildertypen wurden ermittelt

1. Das geometrische Bild
2. Das disharmonische Bild – der Bruch
3. Die Prinzessin
4. Das erotisch-sinnliche Bild
5. Das nostalgische beziehungsweise Retrobild
6. Das erstarrte Bild
7. Das alltagsweltliche Bild
8. Die Modefotografie

In den verwendeten Zeitschriften, „Elle", „Freundin" und „Frau im Trend", kommen die einzelnen Bildertypen in unterschiedlicher Gewichtung vor. Es finden sich in der „Frau im Trend" praktisch keine geometrischen oder disharmonischen Bilder, aber gehäuft alltagsweltliche mit dargestellten Emotionen. In der „Elle" hingegen finden sich kaum emotionale Bilder. In der „Freundin" werden betont positive Emotionen abgebildet. Modefotografien, wie sie aus Katalogen bekannt sind, finden sich fast nur in der „Frau im Trend".

3.4. Verteilung der Bildertypen

In den folgenden drei Tabellen wird die Verteilung der einzelnen Bildertypen in den drei analysierten Frauenzeitschriften verdeutlicht. Die Bilder aus allen drei Exemplaren wurden addiert und in folgenden Tabellen zusammengefasst. Bei der Verteilung der Bildertypen in den Zeitschriften existieren signifikante Unterschiede. In der „Frau im Trend" kommen Bilder mit hohem künstlerischem Anspruch und technischem Aufwand nicht vor. Modefotografien finden sich bis auf einige wenige Ausnahmen weder in der „Elle" noch in der „Freundin", obwohl diese beiden Zeitschriften die Themenfelder Mode und Fashion im redaktionellen Konzept als Schwerpunkt gesetzt haben.

In den Tabellen wurde unterteilt in Artikelillustration und Alltagsbilder, Fashion und Beauty und Werbung.

Artikelillustrationen sind Bilder, die einem Text, der nicht Mode und Kosmetik zum Inhalt hat, angefügt wurden. Zum Beispiel ein Text zum Thema: Sportarten, deren Nutzen für Figur und Fitness. Diese Artikel zeigen häufig Bilder von Frauen in der jeweiligen Alltagssituation, im Falle von Sport beispielsweise eine Frau beim Yoga. Es ist ein Bild, wie, in der Vorstellung der Redaktion, eine ideale Frau Sport treibt. Diese ideale Frau ist ohne Zweifel attraktiv, schlank und trägt modisch einwandfreie, speziell für Yoga entwickelte Sportkleidung und trainiert auf einer farblich auf Kleider und Haare abgestimmten Yogamatte. Es handelt sich um ideale Vorstellung von dem Bild der Frau im Alltag, aber es sind keine *realen* Alltagssituation, sondern gestellte Bilder. Es wurde nicht wirklich eine Frau beim Ausüben von Sport fotografiert, sondern es handelt sich um eine gestellte Situation, in der das Model nur so tut als ob. Vor allem in der „Elle" wurden alltägliche Themen mit den aufwändigsten, höchstens symbolisch zum Thema passenden Künstlerfotografien illustriert. So ist *Abbildung 14* als Beispielbild für „Die Prinzessin" eine Illustration der „Elle" zum Thema Rückenschmerzen. Auch alle anderen Bilder die Artikel illustrieren, die nicht Fashion und Beauty zum Inhalt haben, wurden hier eingeordnet.

Fashion und Beauty bezieht sich auf Bilder, deren Inhalt sich direkt auf Mode und Kosmetik (Creme/ dekorative Kosmetik/ Körperpflege) bezieht. Zum Teil dienen sie als Illustration für Artikel oder es sind einfach Bilder, die für sich selber sprechen, nur versehen mit einer Art Quellenangabe. Bei Schminktechniken zeigt das Bild das fertige Ergebnis und in der „Quellenangabe" steht, wer diese Technik ersonnen hat und mit welchen konkreten Produkten die Leserin diese Technik nachschminken kann. Bei Fashion ist es ähnlich. Es wird ein Foto von einem Star oder einem Runway-Look gezeigt und in der Quelle erläutert, wo in Deutschland oder in Onlineshops ähnliche (meist auch günstigere) Kleidungsstücke, mit denen man dieses Outfit imitieren kann, erhältlich sind. Zum Beispiel: Ein Foto von Kate Moss, sie trägt rote kurze Hosen und einen Hut. Es werden dann Beispiele gebracht, wo die Leserin einen vergleichbaren Hut und rote kurze Hosen kaufen kann, um dieses Outfit von Kate Moss nachzustylen. Dieser Starkult impliziert, nicht nur ein Vergleichbares Outfit zu tragen sondern dann ein bisschen so auszusehen wie der Star. Diese *ratgebende* Funktion[90] findet sich vor allem in „Freundin". Bei einigen Modestrecken in der „Elle" werden keine oder kaum Alternativen zu den teuren und nur exklusiv erhältlichen Designeroutfits genannt. Dies impliziert nicht automatisch, dass die Leserin sich alle diese Kleider kaufen und auch bezahlen kann. Die Bilder sind eher als Inspiration gedacht, wie etwas aussehen könnte. Ohnehin sind die eigentlichen Kleidungsstücke auf den sehr künstlerisch anmutenden Fotos kaum zu erkennen. Der konkrete Schnitt, ob es sich zum Beispiel um einen Rock oder eine weite Hose handelt, ist nicht immer klar zu erkennen. Oder das Model trägt ein Kleid, dessen Farbe oder Muster zwar zu sehen sind, aber nicht der eigentliche *Schnitt:* ob es tailliert oder weit geschnitten ist, ob es einen Mini- oder einen Superminirock hat, nur dass es ein relativ kurzes Kleid ist – und Kleider implizieren Weiblichkeit. Dies verdeutlicht, dass „Elle" keine *beratende* Frauenzeitschrift[91] ist.

Die Werbebilder wurden gesondert aufgeführt, da sie von außen in die Zeitschrift eingebracht, und nicht von der Moderedaktion ausgesucht wurden. Alle Bildertypen sind in der Werbung vertreten, die Unterschiedlichkeiten der Verteilung finden sich eher in den Typen der Zeitschriften, als in den Bildern „von innen" und „von außen".

Mit abnehmendem Sozialstatus der Zeitschriften, sinkt der Anteil an Werbung überhaupt. Allerdings sinkt auch die Seitenzahl erheblich, was mit dem Erscheinungsrhythmus zusammenhängen könnte und mit dem Preis. Um so kürzer die Intervalle sind, um so dünner auch die Zeitschrift. Auch wird für ganz andere Dinge in den verschiedenen Zeitschriften geworben. In der „Frau im Trend" werden frei verkäufliche Medikamente angeboten, für den Rücken und für das Herz, aber auch Durchfallmedikamente. In der „Freundin" wird ebenfalls auf den hinteren Seiten für Medikamente geworben, nur weniger offensiv. So wirbt ein Durchfallmedikament in der „Freundin" mit einem offenen, lachenden Mund, auf dessen Zunge eine Tablette liegt. In der „Frau im Trend" wirbt ein

---

90 vgl. Fröhlich 1995. 136 ff. und vgl. Lindgens 1982: 336ff.
91 vgl. Fröhlich 1995. 136 ff. und vgl. Lindgens 1982: 336ff.

ähnliches Medikament mit einer Frau, die sich den offenbar schmerzenden Bauch hält, direkter und indiskreter. An medizinischer Werbung viel in der „Elle" nur einige Anzeigen für Faltenunterspritzungen mit einem „erstarrten" Bild auf. Aber der *Inhalt* der Werbung ist nicht Gegenstand dieser Untersuchung, nur die bildliche Umsetzung, insofern mit Bildern von Frauen gearbeitet wurde.

3.4.1. Verteilung der Bildertypen in „Elle"

„Elle" gesamt	Alltag/ Artikel	Fashion/ Beauty	Werbung
	„von innen"		„von außen"
1. Geometrisches Bild	6	33	37
2. Das disharmonische Bild	5	18	17
3. Die Prinzessin	18	25	18
4. Das erotisch-sinnliche Bild	2	-	16
5. Das nostalgische bzw. Retrobild	17	54	17
6. Das erstarrte Bild	-	2	10
7. Das alltagsweltliche Bild	11	4	27
8. Die Modefotografie	-	-	1
9. andere	7	28	21
gesamt	*66*	*164*	*164*
gesamt		*230*	*164*

Abbildung 6: "Elle" gesamt
Insgesamt: 394

Die drei Exemplare der Elle enthalten insgesamt 394 Bilder die ausgewertet wurden. 164 sind Werbebilder und 230 hat die Redaktion ins Heft gesetzt. Manchmal traten in einem Heft sprungartige Anstiege eines Bildertyps auf, zum Beispiel des Retrobildes, was mit dem Inhalt der Modestrecken zusammenhängt. Stellt die Zeitschrift eine ganze Strecke mit über Retromode zusammen, erhöht sich deren Anteil.
Geometrische Bilder fanden sowohl in den Bereichen Fashion und Beauty als auch in der Werbung. Disharmonische Bilder wurden ebenfalls in diesen beiden Kategorien verwendet. Die Annahme, dass disharmonische Bilder als Eyecatcher besonders stark in der Werbung eingesetzt werden würden, bestätigte sich nicht.
„Die Prinzessin" ist in allen drei Spalten relativ stark vertreten, am meisten bei Fashion

und Beauty. Es scheint also sowohl ein gängiges Werbemittel, wie auch ein beliebtes Stilmittel der Moderedaktion der „Elle" zu sein.

Im Gegensatz dazu ist das erotisch-sinnliche Bild kein beliebtes Stilmittel in der Moderedaktion der „Elle", für Werbung wird es jedoch verwendet. In erster Linie für Parfum, aber auch Dessous.

Das nostalgische beziehungsweise Retrobild ist eine sehr beliebte Darstellung von Frauen. Sowohl in der Werbung als auch bei der Gestaltung der Zeitschrift. Mit 54 Abbildungen bei Fashion und Beauty ist es der am stärksten vertretene Bildertyp.

Das erstarrte Bild ist bis auf Ausnahmen kein Gestaltungsmittel von Zeitschriften und wird fast ausschließlich in der Werbung für teintverschönernde Produkte, wie Creme oder auch Make Up, verwendet.

Alltagsweltliche Darstellungen von Frauen in den Bereichen Fashion und Beauty sind Ausnahmen. Nur bei der Illustration zu anderen Themen wird dieser Bildertyp verwendet. Auch die Werbung nutzt dieses stilistische Mittel. Alltagsbilder in der „Elle" stellen einen privilegierten und exklusiven Alltag dar.

Die Modefotografie ist mit nur einem einzigen Bild in der Werbung vertreten. Sie ist kein Stilmittel in der „Elle".

Andere, derart multidimensionale Bilder, dass sie keinem der Typen zuzuordnen sind, sind sowohl bei Fashion und Beauty, als auch in der Werbung vertreten.

Am häufigsten sind in der „Elle" das Nostalgische beziehungsweise Retrobild, das geometrische Bild und „die Prinzessin" vertreten. „Die Prinzessin" und das geometrische Bild sind die Bildertypen mit dem höchsten künstlerischen Anspruch und fotografischen Aufwand. Allen drei ist ein gewisser Eskapismus gemein. Die einen flüchten in andere Zeiten, die anderen in Märchenwelten und wieder andere erheben - oder degradieren – den Menschen zum Kunstobjekt und stilistischen Mittel. Alle drei lassen die Person auf dem Foto als Individuum zurücktreten und machen die Frauen zur Kunstfigur.

3.4.2. Verteilung der Bildertypen in „Freundin"

„Freundin" gesamt	Alltag/ Artikel	Fashion/ Beauty	Werbung
	„von innen"		„von außen"
1. Geometrisches Bild	3	0	5
2. Das disharmonische Bild	1	7	2
3. Die Prinzessin	4	1	5
4. Das erotisch-sinnliche Bild	4	4	5
5. Das nostalgische bezw. Retrobild	2	9	6
6. Das erstarrte Bild	0	2	15
7. Das alltagsweltliche Bild	36	37	46
8. Die Modefotografie	0	0	4
9. andere	9	16	25
gesamt	*59*	*76*	*113*
gesamt		*135*	*113*

Abbildung 7: "Freundin" gesamt
Insgesamt: 248

Die „Freundin" enthält in den drei untersuchten Exemplaren insgesamt „nur" 248 Bilder von Frauen, etwa 150 weniger als die „Elle". Dies liegt nicht zuletzt im unterschiedlichen Umfang der Zeitschriften begründet. Interessant ist, das im Verhältnis gesehen, der Anteil der redaktionellen Bildproduktionen in der „Freundin" geringer sind als in der „Elle" und die „Freundin" dafür mehr Werbebilder enthält.

Die Bildertypen mit dem höchsten künstlerischen Anspruch und höchstem Aufwand in der technischen Umsetzung, das geometrische Bild und „die Prinzessin", sind nur vereinzelt vertreten und fanden noch am ehesten in der Werbung Verwendung. Das disharmonische Bild wurde bei Fashion und Beauty einige Male als stilistisches Mittel benutzt.

Das erotisch-sinnliche Bild wurde geringfügig in allen drei Themenfeldern verwendet. Im redaktionellen Teil öfter als in der „Elle", aber trotzdem nur vereinzelt.

Das nostalgische Bild findet ebenfalls vereinzelt Verwendung, am meisten bei Fashion und Beauty.

Das erstarrte Bild findet im redaktionellen Teil nahezu keine Verwendung, aber ist mit

15 Bildern in der Werbung vertreten.

Das alltagsweltliche Bild ist signifikant überrepräsentiert, im Vergleich zu allen anderen Bildertypen. Sowohl im redaktionellen Teil, als auch in der Werbung. In der Freundin werden gehäuft Bilder von Frauen in gestellten Alltagssituationen gezeigt.

Die Modefotografie ist bis auf vereinzelte Werbebilder nicht vorhanden.

Bilder die sich der Typologisierung entziehen, finden sich hier im redaktionellen Teil, als auch gehäuft in der Werbung.

Das Frauenbild der „Freundin" bildet idealisierte Vorstellungen von Alltagsleben und alltäglichem Aussehen von Frauen ab. Da das Konzept der Zeitschrift positive Emotionen betont, drücken die Models auf den redaktionellen Fotos positive, aber vereinzelt auch negative, Emotionen aus. Diese Betonung des Fröhlichen und Heiteren liegt im Konzept der „Freundin" begründet, vereinbart sich beispielsweise nicht mit der distanziert kühlen, künstlerischen Ästhetik des geometrischen Bildes.

3.4.3. Verteilung der Bildertypen in „Frau im Trend"

„Frau im Trend", gesamt	Alltag/ Artikel	Fashion/ Beauty	Werbung
	„von innen"		„von außen"
1. Geometrisches Bild	-	-	-
2. Das disharmonische Bild	-	-	-
3. Die Prinzessin	1	-	-
4. Das erotisch-sinnliche Bild	3	-	-
5. Das nostalgische bezw. Retrobild	-	1	-
6. Das erstarrte Bild	-	-	-
7. Das alltagsweltliche Bild	63	11	7
8. Die Modefotografie	3	26	3
9. andere	1	3	3
gesamt	*71*	*41*	*13*
gesamt	*112*		*13*

Abbildung 8: "Frau im Trend" gesamt
Insgesamt: 125

Die „Frau im Trend" hat als wöchentlich erscheinende Zeitschrift den geringsten Umfang, entsprechend geringer ist die Gesamtanzahl der Bilder. Zum besseren Vergleich:

„Elle": 394, „Freundin": 248, „Frau im Trend": 125. Der Zahl der Bilder liegt zum Teil in der Messung begründet. So wurden die zahlreichen doppelseitigen Werbeanzeigen in „Elle" als nur *ein* Bild gezählt, das sie, obwohl großformatig, auch sind. Der redaktionelle Teil hat in „Frau im Trend" mit circa 90% die absolute Mehrheit inne, nur 10% sind Werbung. Was nicht zwangsläufig bedeutet, dass in der „Frau im Trend" nicht kommerziell geworben wird. Es wird *anders* geworben und für andere Konsumgüter. Es tritt gehäuft Werbung für medizinische Produkte auf. Diese Werbeanzeigen werden nicht mit Frauen illustriert, sondern mit dem Produkt an sich, zum Beispiel einer Tablettenschachtel. Außerdem viel auf, dass die großformatigen Werbeanzeigen (die durchaus vorhanden sind) mit viel Text versehen sind und den Eindruck eines populärwissenschaftlichen medizinischen Artikels erwecken, zum Beispiel für Diätmedikamente oder Antifaltencreme. Diese Art von medizinisch anmutender Werbung wird eher mit dem Bild eines Arztes illustriert, als mit einer Frau.

Die künstlerischen, aufwendigen Bildertypen des geometrischen Bildes und „der Prinzessin" sind, bis auf eine Ausnahme, nicht vertreten. Disharmonische und erstarrte Bilder, ebenso wie das Retrobild fanden sich nicht.

Es gab in jeder Ausgabe ein erotisch-sinnliches Bild im redaktionellen Teil. Auf den letzten Seiten in jeder Ausgabe findet sich eine illustrierte Kolumne zum Thema Sexualität: „Warum Frauen immer eine Spur raffinierter sind".

„Andere" Bilder fanden sich nur in geringer Anzahl.

Die einzigen häufig vertretenen Bildertypen waren das alltagsweltliche Bild und Modefotografien. Das alltagsweltliche Bild fand sich am meisten als Illustration von Artikeln, die nicht das Thema Fashion oder Beauty hatten. Die dargestellten Bilder haben den Habitus eines amateurhaften Bildes im tatsächlichen Umfeld. Die Alltagsdarstellungen wirken weniger arrangiert. Zum Beispiel ist der Hintergrund eine Küche. Eine Küche, die nicht farblich auf das Outfit des Models abgestimmt ist. Der Hintergrund dieser Bilder unterscheidet sich stark von den Alltagsdarstellungen in der „Freundin". So scheint *weniger* darauf geachtet worden zu sein, dass das Bild ein gewisses fotografisches Können beinhaltet. Der Hintergrund, da realistisch, wirkt unruhig, zum Beispiel wenn in einem Freibad zahlreiche anderen Badegäste zu erkennen sind, anstatt einer einheitlich grünen Wiese.

Der Typ der Modefotografie kommt in gehäufter Form nur in der „Frau im Trend" vor. In den Bereichen Fashion und Beauty wurden keine eigenen Modestrecken angefertigt, sondern Katalogfotos aus Bestellkatalogen verwendet. Sie sind im Heft entsprechend gekennzeichnet. Die Outfits, die die Models tragen, werden nicht von der Moderedaktion zusammengestellt, sondern von dem jeweiligen Versandhaus und direkt in das Heft kopiert.

3.4.4. Zusammenfassung Verteilung Bildertypen

Eine Annahme für den insgesamt geringeren Anteil selbst produzierter redaktionelle Modestrecken/ Illustrationen in der „Freundin" und „Frau im Trend" könnte sein, dass deren Etat geringer ist, als der von „Elle", außerdem haben die Zeitschriften weniger *Zeit*, da ihrer Erscheinungsintervalle kürzer sind. Aufwändige Modeshootnings brauch Zeit. Von der Konzeptualisierung der Idee, der Auswahl der Kleidung, des Hintergrundes und den Models, bis zur Umsetzung und Bearbeitung der Bilder.

Eine andere Begründung ist die *Art* der Zeitschriften und der Anspruch an die Zielgruppe. Die aufwändigen Modestrecken setzten ein gewisses künstlerisches Interesse und Wunsch zur Eigenumsetzung und Interpretation der Bilder bei der Leserin voraus, dies ist eher in den sozial gehobenen Milieus, der Zielgruppe von „Elle", der Fall. „Freundin" als *ratgebende* Zeitschrift der mittleren Niveaus, will nicht inspirieren und Fantasie anregen, sondern die Richtung weisen. Die Zeitschrift filtert geeignete neue Moden für die Leserin heraus und gibt konkrete Hinweise zur Umsetzung/ Nachahmung. Zum Beispiel, was welcher Frau, in Bezug auf Körpergröße, Konfektionsgröße, Haarfarbe et cetera, steht. „Elle" setzt voraus, dass die Leserin in dies selbst beurteilen kann und will. „Frau im Trend" unterhält mit ihren Modetipps und gibt Hinweise, wie ein Körper zu verhüllen oder hübsch zu verpacken ist, da die Zeitschrift bei ihren Leserinnen nicht vom extrem schlanken Ideal ausgeht. Der Altersdurchschnitt der Leserinnen der „Frau im Trend" ist etwas höher, als bei den anderen beiden untersuchten. Die Schwerpunkt der Zielgruppe ist im „traditionellen Milieu" der Mittelschicht und unteren Mittelschicht des Sinus-Instituts anzuordnen. Die Zielgruppe der „Elle" findet sich in den Milieus der Oberschicht und der oberen Mittelschicht. Die „Freundin" ist in der Mittelschicht zu verorten, vor allem in der „bürgerlichen Mitte" und dem „adaptiv-pragmatischen Milieu".

Die „Freundin" als Zeitschrift der Mittelklasse verdeutlicht die Funktion der Nachahmung der oberen Schichten und deren Lebensstil. Die Bilder sind eine Synopse von künstlerischen und alltäglichen Elementen (idealisierte Alltagsvorstellungen) und bilden

den Wunsch ab, exklusive Moden nachzuahmen, aber nicht mit der teuren „original" Kleidung, sondern das Ziel ist, eine weniger preisintensive Kopie zu schaffen.

Im folgenden werden die einzelnen Bildertypen detailliert beschrieben und mit treffenden Beispielen illustriert.

3.5. Die Bildertypen

Bei den Bildertypen ist die Multidimensionalität zu berücksichtigen. Alle Bildertypen vereinen viele gemeinsame Eigenschaften, aber nur jeweils *eine* ist bei einem bestimmten Bildertyp anzutreffen. Diese sticht heraus und prägt so den „Typ". So kann eine Bild deutlich geometrische Elemente aufweisen, aufgrund der Aufmachung, der Inszenierung der Frau, jedoch trotzdem dem Typ „Prinzessin" zuzuordnen sein.

Abbildung 9: Haarpflege. „Elle" Juli 2012: 123

3.5.1. Das geometrische Bild

Abbildung 10: Beine. „Elle" Juli 2012: 11

Das geometrische Bild wird zumeist für Modefotografie zum Zwecke der Werbung benutzt (Handtaschen und Kleidung). Es findet sich fast nur in der „Elle". Der Fotograf spielt mit Gegenständen, Körperteilen, Licht und Schatten wie mit geometrischen Elementen. Die Bilder wirken dadurch zwar künstlerisch, aber künstlich und sehr „gestellt". Sie wurden offensichtlich zu einem bestimmten Zweck gefertigt und stellen eine Art Karikatur einer Alltagsszene dar, jedoch keine natürliche Alltagsszene an sich. Die dargestellte Frau zeigt keine Emotionen, das Gesicht ist ausdruckslos, der Körper makellos aber sie tritt als reale Person völlig in den Hintergrund und ist daher beliebig austauschbar. Das obrige Bild (Abbildung 9) ist eindeutig dem geometrischen Typus zuzuordnen. Runde Forme dominieren. Eine exakt geschnittene und spiegelglatte Frisur mit rund nach innen geföhnten Enden, runde Schultern und ein runder Lichtfleck auf dem ansonsten plakativ schwarzen Hintergrund. Die Frau scheint von oben herab auf den Betrachter zu blicken, wirkt stolz, kühl und unnahbar. Durch Lichteffekte wird sowohl ihr Gesicht, als auch ihre Schulter beleuchtet, alles andere tritt in den Schatten. Sogar die sehr stark betonten Augenbrauen weisen an der Nasenwurzel eine sehr runde Form auf. Natürlich kann man dem Bild auch eine gewisse Erotik nicht absprechen: der halb geöffnete Mund, die nackten Schultern, der laszive Blick. Aufgrund der frappanten Betonung runder Elemente und der Aufteilung des Bildes in Flächen ist es dem geometrischen Typus zuzuordnen. Das Foto entstammt der „Elle" und ist eine Werbeanzeige für Haarpflege. Das zweite auf den ersten Blick ganz anders anmutende Bild ist ebenfalls vom geometrischen Typus. Dominieren beim vorangegangenen Beispiel runde Formen, sind es hier Geraden und Linien in verschiedenster Form. So bilden die Brücke und die Häuser im Hintergrund, der Metallpfeiler, die Straßensperre, die Markierungslinien der Straße, die plakative Zurschaustellung der Gliedmaßen alle Linien und Geraden ab. Die Betonung des Bildes liegt auf der Präsentation von Taschen und Schuhen (besonders der exakt im rechten Winkel auf der Straßensperre gestellte Schuh und die rechte herunter hängende Tasche), und hat natürlich ihren Grund – die Firma „Longchamp" stellt sie her. Es ist eine Werbeanzeige aus der „Elle" für eine Lederwarenfirma.

3.5.2. Das disharmonische Bild – der Bruch

Das disharmonische Bild erregt Aufmerksamkeit durch bewusste Stilbrüche und einer absichtlichen Abweichung vom Althergebrachten. Farben, die sich „beißen", oder eine Frau, die eine Schlange als Stola trägt. Der Bruch erregt als „Eyecatcher" Aufmerksamkeit und wird vermutlich deshalb gern als Werbemittel genutzt. Das disharmonische Bild findet sich hier in der „Elle".

Dieses Foto aus der „Elle" zeigt eine schöne junge Frau mit einem zarten Gesicht und romantischen roten Locken, die für Schmuck wirbt. Auffällig sofort sind die zahlreichen, dunklen Tätowierungen an den Armen, am Hals und auf dem Handrücken - diese exponierten Stellen können nicht mehr ohne weiteres verdeckt werden. Die Tattoos sind also zu jeder Zeit sehr präsent. Dies bricht mit den Vorstellungen einer gut situierten, modischen jungen Frau, der bestenfalls dezente Tätowierungen gestattet sind. Auch bei (weiblichen) Models sind sie aus pragmatischen Gründen nicht gern gesehen – aufgemalt oder -geklebt sind Tattoos bei Bedarf im Handumdrehen, abdecken oder retuschieren vor allem großflächiger und sehr dunkler Bilder ist viel umständlicher.

Dieser tätowierte Körper passt nicht zum Gesicht des Models, Und unterscheidet sich von allen anderen in der „Elle" abgebildeten Frauen. In einem Tätowiermagazin wäre das Bild schon eher „passend", in einer Frauenzeit-

Abbildung 11: Tätowiert. Elle November 2011: 18

schrift ist es ein Hingucker, weil es „anders" ist und nicht der Norm entspricht. Es wird hier in einer Werbeanzeige für eine Schmuckkollektion mit Namen „La vie en rose[92] oder Alice im Wunderland?" verwendet.

Dieses disharmonische Bild ist die Illustration zu einem Artikel in der „Freundin" über die Karrieretypen von Frauen im Vergleich zu denen von Männern. Das Model in eleganter Oberbekleidung, aber mit Kniestrümpfen, die an die von Fußballspielern getragenen erinnern, und Sportschuhen tänzelt leichtfüßig über ein Rugby- oder Footballfeld, auf dem die männlichen Sportler in einem harten Clinch liegen – ein Bild wie es in der Realität wohl nie vorkommen wird. „Während die Männer sich prügeln, hat die Frau ihre Chance" ist wohl die sinnbildliche Botschaft.

Eine Disharmonie sind zum einen die elegante Kleidung oben und die sportliche unten und die Frau überhaupt auf dem Spielfeld.

Abbildung 12: Karriere. „Freundin" Juni 2012: 93

---

[92] Französisch: Das Leben durch die rosarote Brille sehen.

3.5.3. Die Prinzessin

„Die Prinzessin" ist der stellvertretende Ausdruck für einen Bildertyp der vor allem in der „Elle", aber auch in der „Freundin" und, wenn auch in nicht sehr ausgeprägter Form, in der „Frau im Trend" vorkommt und in dem Redakteure, Modedesigner, Kostümbildner und Fotografen ihre Träume wahr werden lassen. Riesige, opulente Roben mit langen Schleppen, die malerisch im Wind flattern, Frauen mit unwahrscheinlichen Frisuren, Flügeln, Fühlern, Hüten, Stelzen und alles auf einmal werden künstlerisch atemberaubend in Szene gesetzt. Diese Märchenbilder finden sich vor allem in der Werbung für Parfum und Schmuck, aber auch in der „Elle" als Illustration für alltagsweltliche Artikel.

SCHLUSS*gedanke*

Abbildung 13: Traumreise. „Freundin" November 2011: 238

Das Klischee dieses Fotos ist mit den Händen zu greifen und kaum zu übertreffen: Eine junge Frau reitet auf einem weißen Pferd durch eine Winterlandschaft, umgeben von weiteren weißen Pferden und bekleidet mit einem bis auf den Boden reichenden historisch-opulenten dunkelblauen Kleid. Dieses Szene erinnert an die Schlussszenen des beliebten Weihnachtsfilms: „Drei Haselnüsse für Aschenbrödel"[93]! Kaum eine anderes Bild entspricht mit diesem Eskapismus so dem Grundgedanken des Typus „Prinzessin". Das Foto illustriert einen besinnlichen Schlussgedanken ganz am Ende der Zeitschrift „Freundin", da es sich um die Novemberausgabe handelt, könnte der Schnee und die Besinnlichkeit mit der bevorstehenden Weihnachtszeit und dem Jahreswechsel zusammenhängen.

Abbildung 14: Rückenschmerzen. "Elle" November 2011: 186

Diese dramatische Szene dient in der „Elle" als Illustration für einen Artikel über Rückenschmerzen. Das Model hat mit einer Lackbinde verbundene Augen, geht auf Stelzen (in Plateau-Highheels) und ihr durchsichtiges Kleid mit sehr langer Schleppe weht melodramatisch im Wind. Der Hintergrund könnte ein Gewitterhimmel sein. Ei-

---

[93] Aschenbrödel reitet in der Schlussszene mit „ihrem" Prinzen untermalt von traumhafter Filmmusik durch die moritzburger Winterlandschaft. Fanseite: http://www.dreihaselnuessefueraschenbroedel.de/ (Stand: 07.08.2012) und die von Schloss Moritzburg, dem Drehort: http://www.maerchenschloss-moritzburg.de/de/die_austellung/ (Stand: 07.08.2012)

gentlich steht das Bild in keinem thematischen Zusammenhang mit dem Artikel – aber es sieht schön aus und zeugt von einer aufwendigen und kostenintensiven Produktion.

3.5.4. Das erotisch sinnliche Bild

Erotisch-sinnliche Bilder finden sich in allen drei hier analysierten Zeitschriften. Sie dienen zum einen der Illustration von Artikeln zu Partnerschaft und Sexualität und natürlich als Werbemittel für Dessous und Parfum.

In der „Frau im Trend" gibt es in jeder Ausgabe ziemlich weit hinten eine Seite: „Liebe und Leidenschaft". Sie enthält drei Sparten: *„Warum Frauen immer eine Spur raffinierter sind"*, *„Freche Tipps – frivole Geheimnisse"* und *„Mehr Spaß zu zweit"*[94]. Erstere enthält stets eine romantisch-sinnliche Geschichte illustriert mit einem passenden Bild – zum Beispiel diesem.

Abbildung 15: Erotik im Taxi. „Frau im Trend" Mai 2012: 59

Ein attraktives Pärchen knutscht selbstvergessen auf dem Rücksitz eines Taxis. Die erotische Botschaft ist nicht zu übersehen, sie hat ihr Bein über seines gelegt, er fasst sie an den Oberschenkel und der Minirock ist hoch gerutscht.

---

94 Diese Kolumne wird übrigens immer illustriert mit einem halbnackten jungen Mann.

Die provokative Erotik ist auf dem folgenden Foto ebenfalls sehr eindeutig und nicht zu übersehen. Eine mit Dessous und Maske spärlich bekleidete und außerdem gefesselte junge Frau wirbt mit eindeutiger Pose für eine Partnervermittlung für „Casual-Dating"[95]. Ein Bild aus der „Freundin".

Abbildung 16: Gefesselt. „Freundin" November 2011: 11

---

95 Casual-Dating ist der von den Anbietern „Secrets" selbst verwandte Begriff und steht für Seitensprünge und Sexabenteuer. Interview dazu mit den Anbietern:
http://www.wuv.de/nachrichten/digital/secret_de_friendscout24_wagt_erotischen_seitensprung (Stand 07.08.2012)

Abbildung 17: Armani. „Freundin" November 2011: 23

Auch diese beiden, mit einer subtileren Erotik versehenen Bilder, wurden in dieser Analyse zum Typ „Erotisch-Sinnlich" gezählt. Obwohl die vier Bilder sehr unterschiedlich sind, vereint sie trotzdem die erotisch-sinnliche Komponente. Abbildung 14 ist eine Werbeanzeige für Parfum, Abbildung 18 eine Illustration zu einem Artikel, wie „frau" sich schön macht (zum Beispiel für die Weihnachts- oder Silvesterparty) und die „Weihnachtspfunde" kaschiert.

Abbildung 18: Erotik. Dekollete. „Freundin" November 2011: 84

3.5.5. Das nostalgische beziehungsweise Retrobild

Retro ist ein lateinischer Begriff und bedeutet „zurück, rückwärts". Die Fotografien und dargestellten Szenen wirken wie „von früher", stammen aber aus der heutigen Zeit. Die Bilder sind künstlerisch und sollen entweder Alltagsszenen aus vergangen Zeiten darstellen oder die „Retromode" in allen Facetten präsentieren. Dazu gehören zum Beispiel die Frisuren-, Kosmetik- und Kleidertrends des Rock`n`Roll der fünfziger Jahre, wie sie heute noch in der Rockabilly-Szene getragen und gehört werden.

Einige der hier analysierten Bilder stammen aber tatsächlich aus früheren Jahren, weshalb auch der Begriff „nostalgisch" Verwendung findet. Die großen Diven vergangener Jahrzehnte sind zeitlos und kommen nie „aus der Mode" und deshalb werden ihre Bilder immer wieder als mustergültiges Beispiel für die heutige Damenwelt hervorgeholt.

Die Abbildung rechts ist ein Foto von Vivien Leigh. Unvergessen als Scarlett im Südstaaten-Epos „Vom Winde verweht"! Wie bereits oben erläutert, werden die alten und berühmten Diven Hollywoods immer mal wieder als zeitlos-glamouröses gutes Beispiel

Abbildung 19: Vivien Leigh. Elle November 2011: 134

zitiert. So auch hier. Die Illustration zu einem kurzen Artikel über Marlenehosen[96] (im Bild zu sehen) und darüber, dass sie wieder modern werden. Dabei waren sie nie wirklich unmodern. Ein zeitlos eleganter Schnitt für Damenhosen.

---

96 Benannt natürlich nach Marlene Dietrich, die sie als erste trug. Sie haben eine hohe schmale Taille, sehr weite und lange Beine und werden meist mit High Heels getragen. Dadurch sehen die Beine sehr lang aus und die Weite versteckt kräftige Oberschenkel.

Dieses Bild ist ein Retrofoto (im Gegensatz zum Vorangegangenen). Das heißt, es ist in unserer Zeit entstanden und sieht nur so aus, als stamme es aus den Fünfziger Jahren. Die junge Frau trägt den Signature Look des Fünfziger Jahre Styles: Tellerrock mit Petticoat, bauchfrei, Pumps und Katzenaugensonnenbrille. Der Stil der Fünfziger Jahre gehört zu jeden Moden, die eigentlich nie aus der Mode kommen, so ähnlich wie der Hippiestil der Siebziger Jahre. Beide Kleiderstile wurden und werden von bestimmten Subkulturen gepflegt[97].

Dieser Eskapismus entzieht sich einfach dem modernen Modediktat und betont die Zugehörigkeit zur jeweils eigenen Subkultur.

Abbildung 20: The Fifties. Freundin Februar 2012: 57

---

[97] Fünfziger Jahre: Rockabilly Szene (Rock`n`Roll), oft in Verbindung mit großflächigen, bunten Tätowierungen. Hippie Style: Alternative Gruppen und Neo-Hippies, außerdem beliebt auf Festivals jeglicher Art, vermutlich in Anlehnung an DAS Festival aller Zeiten: Woodstock: http://www.woodstock.com/ (Stand: 09.08.2012)

Auch diese Werbeanzeige für einen im Mittelalter spielenden Fernsehfilm ist ein Retrobild, obwohl es wieder ein ganz anderer Typ ist. Gemeinsam ist allen der Bezug zu einer vergangen Zeit.

Abbildung 21: Retro. Wanderhure. „Freundin" Februar 2012: 175

3.5.6. Das erstarrte Bild

Das erstarrte Bild wird vor allem bei Portraitaufnahmen, oder auch nur Detailaufnahmen des Gesichts, in erster Linie der Werbung für Hautpflegeprodukte verwendet. Also für Antifaltencreme, dekorative Kosmetik oder auch für Haarpflegeprodukte. In der vollkommenen Ausdruckslosigkeit wirken die Gesichter extrem glatt, aber unpersönlich. Diese Ausdruckslosigkeit findet sich auch in den geometrischen Bildern (siehe oben), nur sind diese hier völlig auf das Gesicht fixiert und beinhalten keine geometrischen Elemente. Meist ist überhaupt keine Kleidung zu erkennen, die Models scheinen nackt zu sein.

Abbildung 22: Erstarrt 1: „Elle" November 2011: 17

Die beiden gezeigten Bilder sind derart stereotyp, dass sie gemeinsam behandelt werden können. Erstarrte Bilder haben den absolut gleichen Habitus und sie haben noch mehr gemeinsam: alle werben für teintverschönernde Produkte jeglicher Couleur. Sogar eine auf Botoxbehandlungen spezialisierte Firma wirbt mit solch einem Bild. Hier zu sehen: Antifaltencreme (oben) und Nahrungsergänzung für schöne Haut (unten).

Abbildung 23: Erstarrt 2. „Freundin" Juni 2012: 65

3.5.7. Das alltagsweltliche Bild

Das alltagsweltliche Bild stellt Frauen in realistischen Situationen und Posen dar. Es werden Emotionen gezeigt wie Lachen und Traurigkeit aber auch Unwohlsein oder Schmerzen. Ein zuweilen nicht perfekter Körper wird durch ein lachendes Gesicht „aufgewogen". Alltagsweltliche Bilder finden sich vor allem in der „Freundin" und in der „Frau im Trend". In der „Frau im Trend" illustrieren traurige Frauen Artikel über Scheidungen. Frauen mit schmerzverzerrtem Gesicht, die sich den Bauch halten, werben für Medikamente gegen Durchfall. Kaum jedoch in der „Elle"; zwar gibt es auch hier zuweilen Artikel über klassische Psychothemen (Entscheidungsschwierigkeiten) oder Gesundheit (Rückenschmerzen), aber werden diese ganz anders illustriert!

Abbildung 24: Alltag im Schloss. „Elle" Februar 2012: 18-19

Krass sind die Differenzen zwischen den dargestellten Alltagswelten. So gibt es den Alltag in der „Elle": eine schöne, elegante, extrem schlanke, aber nicht mehr junge Dame sitzt mit ihrer (vermutlich) Enkelin auf einem antiken Sofa in einem schlossähnlichen

Haus. Es handelt sich um eine Werbeanzeige für zeitlose und hochwertige Uhren. Die „Großmutter" lacht wohl darüber, dass ihre Enkelin ihre Uhr trägt. Das Original ist noch etwas größer und das schlossähnliche Treppenhaus noch besser zu erkennen. Und auf der anderen Seite die junge Kassiererin im Supermarkt bei der Arbeit in der „Frau im Trend". Bilder über Alltagswelten sind nicht stereotyp, so wie jeder Mensch seinen Alltag ganz individuell erlebt.

Abbildung 25: Arbeitsalltag. „Frau im Trend" Mai 2012: 44

Auch das folgende Bild stellt eine bezeichnende Alltagsszene dar, wie wie sie jeder wahrscheinlich schon im heimischen Badezimmer erlebt hat: Entweder lächelt die junge Frau sich selber beim Zähneputzen so strahlend im Spiegel entgegen oder aber sie lächelt eine andere Person an.

Abbildung 26: Zähne putzen. „Frau im Trend" Juni 2012: 32-33

Auf den ersten Blick wirkt das Bild der temperamentvollen Italiener (Abbildung 27) ganz „normal", erst auf den zweiten wird das perfekte Styling aller offenbar. Selbst die alte Dame im schwarzen Kleid trägt unglaublich hohe Absätze. Es ist eine Werbeanzeige für ein italienisches Modehaus aus der „Elle" und eine der wenigen alltagsweltlichen Szenen.

Bezeichnend hier die extremen Unterschiede – Supermarktkassiererin versus Leben im Schloss, Zähneputzen versus supergestylte Familie unter mediterranem Himmel! Es sind alles Alltagswelten und es liegen „Welten" dazwischen. Die unterschiedliche

Schichtzugehörigkeit ist fast ein Klischee. Reiche Oberschicht in der „Elle" und arme Unterschicht in der „Frau im Trend".

Abbildung 27: Perfekt gestylt im Alltag. „Elle" Februar 2012: 6-7

3.5.8. Die Modefotografie

Die Modefotografie ist ein Bildertyp der aus Bestellkatalogen bekannt ist. Die Kleidung wird samt passender Accessoires präsentiert und kann direkt nach Hause bestellt werden. (Im Jahre 2012 handelt es sich eher um virtuelle Onlinekataloge, als um die dicken Bücher, die in den 1990er Jahren recht populär waren.) Es sind meist Studioaufnahmen mit völlig neutralem Hintergrund oder einem offensichtlich künstlich hinzugefügten stilisierten Strand oder etwas ähnlichem. Der Hintergrund spielt eine ganz untergeordnete Rolle und lässt dem Model samt Mode den Vortritt. Bei der Modefotografie, die überraschenderweise nur in der „Frau im Trend" und ganz vereinzelt als Werbeanzeige in der „Freundin" vorkommt, stehen die Damen mehr oder weniger frontal da, schauen neutral bis freundlich und es ist sehr gut zu erkennen, wie die Kleidung, die sie tragen, konkret aussieht. Zum Teil stammen die Bilder auch direkt aus Bestellkatalogen oder deren Internetseite, und sind entsprechend gekennzeichnet.

Das hervorstechende Merkmal hier ist, dass die Mode, also die Kleidung der Frauen, ausnahmsweise im Vordergrund steht.

Abbildung 28: Kaufhausmode. „Freundin" Februar 2012: 62

Diese Bilder dienen in der „Frau im Trend" als Illustration für Artikel über Mode. Hier werden die passenden Schuhe für bestimmte Hosenlängen vorgestellt. Die Bilder sind so wie sie sind aus Bestellkatalogen für Kleidung entnommen, kleine Hinweise finden sich jeweils „zu Füßen" der Damen. Es wurden also nicht einzelne Kleidungsstücke (verschiedener Marken) von den Moderedakteuren zusammengestellt, sondern ganze

Outfits samt Model aus den Katalogen entnommen. Der Unterschied der Modefotos im Gegensatz zu den künstlerischen Fotos ist, dass die Models ziemlich frontal stehen und so einen guten Blick auf die Kleidung und deren Schnitt zulassen. Sogar auf die Schuhe, besonders gut bei der Dame links im Bild zu sehen. In einem Bestellkatalog soll der Betrachter zwar auch inspiriert werden, aber in erster Linie natürlich dazu, die Outfits der Models mit den Kleidern aus dem Katalog 1:1 zu Hause selber zusammenzustellen, nachdem im Katalog die entsprechenden Artikel bestellt wurden.

Abbildung 29: Mode. „Frau im Trend" Juni 2012: 14-15

3.6. Das Problem der Multidimensionalität

Dieses opulente Bild diente der Illustration eines winzigen Artikels, oder besser einer Kurzinfo, dass die Farbe gelb in Mode und Kunst zukünftig mehr Beachtung finden wird, also dass gelb im Jahr 2012 eine Modefarbe wird.

Abbildung 30: Die Farbe gelb. Ein Beispielbild für Multidimensionalität. „Elle" November 2012: 94

Dieses Bild vereint die Elemente „geometrisch" und „Prinzessin". Die hervorstechendsten geometrischen Elemente sind das schwarze Gerüst vor hellem Hintergrund, die Seile der Schaukel und der schiefe, aber ebenfalls in einer Geraden verlaufende Wüsten-Horizont, gebrochen durch den runden Schwung ihres Rockes und ihres Schleiers. Außerdem leuchtet die Sonne durch die wehenden Stoffe hindurch. Der dunkle Himmel oben links ist noch einmal ein starker Kontrast zu den leuchtenden Kleidern. Dies alles ist einem geometrischen Bild zuzuordnen, ebenso wie das maskenhaft stark geschminkte, abgewandte, ausdruckslose Gesicht. Die Frau wirkt, schwebend auf ihrer Schaukel über einer wüstenhaft anmutenden Landschaft, unnatürlich und entrückt. Mit Hilfe der Fühler-Kappe und den riesigen im Wind flatternden Stoffmassen wird der Eindruck eines

Schmetterlings, Falters oder auch einer Elfe erzeugt. Diese märchenhafte Entrückung mit einem märchenhaften Kleid ordnet dieses Bild dem Typ „Prinzessin" zu, trotz der geometrischen Elemente.

3.7. Diskussion und Interpretation der Befunde

Die meisten Bilder wurden der „Elle" entnommen, die wenigsten der „Frau im Trend", was sich in deren unterschiedlichem Umfang, aber auch in den Unterschieden der redaktionellen Konzepte und der anders strukturierten Werbung begründet. Die „Elle" ist eine klassische Gesellschaftszeitschrift für Frauen, die „Freundin" eine ratgebende klassische Frauenzeitschrift und die „Frau im Trend" eine unterhaltende Wochenzeitschrift für Frauen.[98] „Elle" unterhält die Leserin mit künstlerisch anspruchsvollen und technisch ausgereiften Fotografien, sowohl im redaktionellen Teil als auch in der Werbung. Diesen Fotografien wurden kaum erklärende Texte beigefügt und die Interpretation obliegt der Betrachterin.

„Freundin" beinhaltet weniger Bilder, dafür mit erläuternden Texte. Trends werden nicht einfach nur gezeigt, sondern im Hinblick auf deren Alltagstauglichkeit und Tragbarkeit analysiert und erläutert. Modeerscheinungen sind nicht nur Kleidermoden und Make Up, auch Essgewohnheiten, die Vorliebe für soziale Netzwerke oder Trendsportarten gehören dazu. Die Zeitschrift „Freundin" *rät* der Leserin zu bestimmten Produkten oder Verhaltensweisen. Sie gibt, im Gegensatz zur „Elle", die Richtung vor.

Mode- und Schminktipps sind auch in der „Frau im Trend" existent, aber sie sind weniger spezifisch, zeigen keine grellen Trends und zielen mehr auf die „hübsche Verpackung" normalgewichtiger oder molliger Frauen ab. Die Schminktipps zielen auf eine natürliche und klassische Betonung ab. Frauen werden in alltäglichen Situationen abgebildet, zum Beispiel bei der Hausarbeit. Die Zeitschrift wurde dem traditionellen Milieu zugeordnet und es ist davon auszugehen, dass die Rollenverteilung in der Familie ebenfalls eine traditionelle ist. Es findet sich in der Zeitschrift ein großer Teil mit Kochrezepten und Haushaltstipps, was diese Annahme zusätzlich stützt.

Die Verteilung der Bildertypen in den Zeitschriften ist signifikant unterschiedlich. Die künstlerisch und technisch anspruchsvollsten finden sich in der „Elle", in der „Frau im Trend" fehlen sie, dafür finden sich Alltagsbilder. Die „Freundin" vermittelt zwischen beiden Extremen. „Freundin" zeigt hauptsächlich Alltagsbilder, jedoch in der Idealvor-

---

98 vgl. Fröhlich 1995: 138ff. und vgl. Lindgens 1982: 336ff.

stellung der Moderadaktion. So wirken die Fotografien zum einen alltagsweltlich und natürlich, zum anderen inszeniert. Zur Illustration von alltagsweltlichen Artikeln wurden gehäuft zwei oder mehrere Frauen, die Freundinnen darstellen, und viel Spaß miteinander haben, abgebildet. Die Alltagsbilder der „Frau im Trend" sind ebenfalls gestellt, jedoch wirkt die Kulisse weniger arrangiert und die Models sind kaum gestylt. Frauen werden außerdem bei alltäglichen Verrichtungen, zum Beispiel der Hausarbeit, abgebildet. Der in „Elle" dargestellte Alltag ist privilegiert und unterscheidet sich erheblich von den Alltagsbildern der anderen beiden Magazine. Die Alltagsbilder der Frauen zeigen sie bei Musestunden und Freizeitbeschäftigungen. Nicht bei der Arbeit. Kochrezepte und Haushaltstipps finden sich keine. Von einer traditionellen Rollenverteilung kann nicht ausgegangen werden. Das Frauenbild ist künstlerisch perfekt, die Models sind stets top gestylt und mir einer makellosen Figur im Sinne des herrschenden Ideals von jugendlicher Schlankheit versehen.

Die Unterschiede in der Bildverteilung beruhen auf der Schicht- und Milieuzugehörigkeit der Leserschaft und bestätigen die eingangs dieser Analyse genannte Annahme, dass in unterschiedlichen sozialen Schichten unterschiedliche Vorstellungen von Frauenbildern, Schönheit und Kunst existieren. Es existieren nach Bourdieu drei verschiedene Geschmäcker, die er den drei konstruierten Gesellschaftsschichten zuordnet. Der legitime Geschmack ist der Geschmack der Oberschicht, der mittlere der der Angehörigen der Mittelschicht und der populäre Geschmack ist der der Angehörigen der Unterschicht.[99]

Das Kunstverständnis der Angehörigen der Oberschicht ist komplex und abstrakt zugleich, es ist *legitim*[100]. Fantasie und Interpretationsspielraum werden ebenso geschätzt wie Innovationen und Extravagantes. Kunst wird um der Kunst willen geliebt und Kinder werden von klein auf mit dem Umgang von Kunst vertraut gemacht. Dazu gehören das Erlernen gehobener Instrumente wie dem Flügel oder der Geige[101] Der häufig verwendete Bildertyp „die Prinzessin", ist sehr aufwendig und in der Produktion teuer: aufwendige Technik für Wind- und Lichteffekte, komplizierte Frisuren und Make Ups von Friseuren und Visagisten erdacht und kreiert und pompöse Designerkleider müssen bezahlt werden. Diese Bilder sind ein Statement: diese Zeitschrift kann es sich leisten, aufwendig und teuer zu produzieren. Es ist eine Distinktion zu anderen, weniger luxuriösen

---

99 vgl. Bourdieu 1987: 36
100 vgl. Bourdieu 1987: 36
101 vgl. Bourdieu 1987: 104

Zeitschriften. Die geometrischen Bilder wurden ebenfalls häufig verwendet und erheben künstlerischen Anspruch. Die Frauen werden zu unpersönlichen Kunstobjekten mit ausdruckslosen Gesichtern und ungewöhnlichen Posen degradiert – oder erhoben? Guggenberger spricht in diesem Zusammenhang etwas abfällig von „*Kleiderbügelwesen*[102]", die „*sich, in all ihrer aseptischen Makellosigkeit, bis zum Verwechseln ähnlich*" (Guggenberger 1995: 138) sehen. Die Redaktion der „Elle" tut viel dafür, ihre Fotografien wie Kunst erscheinen zu lassen. Sie gibt ihren Fotografien den höchst möglichen künstlerischen Status, um der Kunst willen, weil sie es kann. Sogar die Darstellung der Kleidung (bei Modestrecken) muss hinten anstehen, und geht so weit, dass der luxuriöse Frauensmoking nicht mehr als solcher zu erkennen ist. Die Bilder werden Abstraktionen von Mode und vermitteln mehr ein *Gefühl* oder einen *Eindruck* für einen Trend. Die Umsetzung als solche wird der Leserin überlassen. Es werden keine Tipps gegeben, wie Makel an Figur oder Gesicht mit Hilfe von Kleidung oder Kosmetik vertuscht werden können, da dieses Wissen bei der Leserin vorausgesetzt wird. Oder dass „Elle" Leserinnen keine Makel haben?

Die Zielgruppe der „Freundin" ist die Mittelschicht. Die Mitglieder der Mittelschicht versuchen sich durch Nachahmung zu privilegieren, indem sie Moden und Verhaltensweisen, wie Essgewohnheiten, der Oberschicht übernehmen. Das Kunstverständnis und die Freude an der Kunst gehören ebenfalls dazu. Die Bilder in der „Freundin" sind größtenteils Alltagsbilder, aber es wird ein idealisierter Alltag dargestellt. Die abgebildeten Personen sind jung und schön, der Hintergrund ist ausgewogen und die Farbgebung stimmig. Diese Fotos sehen gut aus, bilden Idealvorstellungen ab.

In der Unterschicht ist realistische Kunst populär. Es geht nicht um das Bild als Bild, sondern um das Dargestellte. Der Inhalt der Darstellung und die exakte Wiedergabe der Wirklichkeit sind wichtiger als künstlerische Fantasie. Es geht weniger um Neuartiges, als um Althergebrachtes. Ein Blumenstrauß muss, auch gemalt, wie ein Blumenstrauß aussehen. Die Bilder in der die Mitglieder der Unterschicht vertretenden Zeitschrift „Frau im Trend" bestätigen diese Annahmen. Es handelt sich fast ausnahmslos um realistische Darstellungen des Alltags. So wie die Redaktion sich diesen vorstellt. Artikel werden nicht mit bildlichen Metaphern illustriert, sondern mit konkreten Tatsachen. Zum Beispiel: Ein Artikel über eine Frau mit Liebeskummer. Eine gebräuchliche Metapher für Traurigkeit und Einsamkeit wäre ein menschenleerer Strand mit tief stehender

---

102 vgl. Guggenberger 1995: 137

Sonne. (Ein solch kitschiges „Postkartenmotiv" bezeichnet Bourdieu als bezeichnend für den Kunstgeschmack der Unterschicht.[103]) In der „Frau im Trend" wird eine niedergeschlagene, weinende Frau auf ihrer Couch abgebildet. Dieses konkrete Bild lässt keinen Spielraum für Fantasie und wirkt etwas plump in seiner direkten Weise.

---

103 vgl. Bourdieu 1987: 108

4. Zusammenfassung

Es folgt eine kurze Zusammenfassung der zentralen Punkte dieser Studie.

Das weibliche Schönheitsideal war und ist keine konstante Größe, sondern stets im Wandel begriffen. Es orientiert sich am vorherrschenden Ideal der Frau – also was eine ideale Frau ausmacht. In der matriarchalischen Gesellschaft der Vorgeschichte waren Frauen Familienoberhäupter und hatten allein die Fähigkeit zur Fortpflanzung inne. Die ideale Frau war eine Urmutter – eine Frau, die bereits geboren hat, kein junges Mädchen. Die „Venus von Willendorf" ist ein Beispiel dafür. Im Mittelalter war kindliche Unschuld in Verhalten und Aussehen gefragt: demütiges Verhalten gegenüber Männern und züchtig verhüllt der kindlich magere, asketische Leib. Außer im Mittelalter, wo der sehr schlanke Leib mit gottgefälliger, asketischer Lebensweise assoziiert wurde, waren sehr schlanke und dünne Frauen über Jahrhunderte hinweg keine Ideale. Im Gegenteil, magere Körper wurden mit Alter, Krankheit und Hunger in Zusammenhang gebracht. Ein fülliger Körper stand für Gesundheit, Wohlstand und Sinnesfreude. In den Goldenen Zwanzigern änderte sich dies erstmals. Mit der neuen kurzen Kleidermode kam das athletisch schlanke Ideal ohne Busen in Mode. Als Folge des schlanken Ideals, wurde auch die Magersucht bekannt. Im 20. Jahrhundert änderten sich die Moden fortlaufend, es gab in den Nachkriegsjahren eine erneute Hinwendung zum Weiblichen, aber in den siebziger Jahren setzte sich mit Model „Twiggy" das sehr schlanke Ideal endgültig durch.

Unbewusst ordnen Menschen sich selber und andere auf einer Art Attraktivitätsskala ein. Diese Skala, auch „Schönheitsranking"[104] genannt, bildete sich ursprünglich aus den Menschen, die uns im Alltag begegnen. Ganz oben stand die schönste bekannte Person und unten die hässlichste – dies stellte eine realistische Artgenossenschönheit[105] dar. In der Supermoderne werden Kinder und Erwachsene in Medien und Werbung permanent mit Bildern ausgesucht schöner Exemplare der Gattung Mensch konfrontiert. Es herrscht in den Medien eine Überrepräsentanz der Artgenossenschönheit. Es verschiebt sich unbewusst das Schönheitsranking im Kopf und unsere Ansprüche an Schönheit bei uns selbst und anderen steigen immer mehr an. Virtuelle Ikonen wie Barbie oder Lara Croft entrücken unsere Vorstellung von der perfekten Frau in nicht lebensfähige Dimensionen.

---

104 vgl. Guggenberger 1995: 101
105 vgl. Guggenberger 1995: 104

Um trotzdem „mithalten" zu können, nehmen Frauen einiges auf sich: teure, schmerzhafte und riskante Operationen, ständiges Hungern, Diätmedikamente und andere rabiate Methoden werden nicht gescheut, um schlank und straff zu werden und zu bleiben. Aber wer bestimmt eigentlich Gewichtsnormen wie Über- oder Untergewicht? Diese Zahlen sind abstrakte Konstruktionen, keine existierenden Größen. Um das Normalgewicht zu ermitteln wird häufig der BMI, der Body Mass Index[106], herangezogen, er verwendet die Größen Gewicht, Geschlecht und Alter und legt fest, ob das Ergebnis ein Wert für Unter-, Normal- oder Übergewicht ist. Der Fehler hierbei ist, dass zum Beispiel sehr muskulöse Menschen, die Body Building betreiben, laut BMI übergewichtig sind. Werte wie Übergewicht sind soziale soziale Konstruktionen und eigentlich nicht messbar. Vor allem im mittleren Bereich von mittlerem Untergewicht bis mittlerem Übergewicht sind die Übergänge fließend. Letztendlich muss sich jeder selber wohl fühlen. Übergewicht kann zwar Folgekrankheiten auslösen, muss es aber nicht. Übergewicht ist und bleibt aufgrund andere Essgewohnheiten (Nahrungsmittel und Ritualisierung des Essens) vorrangig ein Problem wenig privilegierter Schichten.[107]

Der feministischen Standpunkt: Normgewichte und Körpervorstellungen sind in der patriarchalischen westlichen Welt von *Männern* erdachte Vorstellungen, die Frauen internalisiert haben. *„Hinter der Internalisierung des hierarchischen Blickes, die die männliche Macht entindividualisiert und der Sichtbarkeit entrückt, steckt die politisches Strategie, die das Machtgefüge zwischen den Geschlechtern zugunsten der Männer stabilisiert und deren Herrschaftsinteressen wahrt"* (Setzwein 2004: 281). In den zwanziger Jahren setzte sich das magere Schlankheitsbild der Frau durch, etwa zu der Zeit, als Feministinnen sich in einigen Ländern das weibliche Wahlrecht erkämpft hatte. Die Attraktivität der extremen Schlankheit liegt weniger im Körperlichen begründet, als im *Hungern* selbst. *„Hunger reduziert das, worauf sich ein Verstand konzentrieren kann"* (Wolf 1993: 283). Die extreme Fixierung auf das Abnehmen und schlank bleiben raubt Frauen jede Menge Kraft. *„Der Kult um die magere Frau wurde somit zur Waffe im Kampf der Geschlechter"* (Setzwein 2004: 282). *„Die massive Reduzierung des Normalgewichts bürdete den Frauen, genau zu diesem Zeitpunkt, als sie genügend Freiheit erlangt hatten, das alles hinter sich zu lassen, neue Spielarten eines reduzierten Selbstbewußtseins, Kontrollverlust und sexuelle Scham auf. Auf elegante weise wurde ein allgemeiner Wunsch erfüllt: Indem man das Normalgewicht einfach zehn bis fünfzehn*

---
106 vgl. http://www.bmi-rechner.net/ (Stand: 06.09.2012)
107 vgl. Setzwein 2004: 273f.

Pfund unter dem Durchschnittsgewicht der meisten Frauen ansetzte und weibliche Formen mit der neuen Definition ‚zu dick` versah, erreichte man, daß eine Welle von Selbsthaß die Frauen der Ersten Welt erfaßte, daß eine reaktionäre Psychologie perfektioniert wurde und ein neuer bedeutender Industriezweig sich etablieren konnte. Aalglatt konterte man den über Jahre anhaltenden Anstieg erfolgreicher Frauen damit, daß man sie mit der Überzeugung versah, sie seien Versager auf einem Gebiet, das implizit als weiblich galt." (Wolf 1993: 262)

Schönheit steht im Gegensatz zum Hässlichen. Aber wer nicht hässlich ist, ist noch nicht schön. Schönheit ist exklusiv und distanziert sich vom Herkömmlichen. Schönheit ist universell, unabhängig davon, wie „füllig" oder nicht die Figuren sind. Schönheit setzt sich aus folgenden Elementen zusammen:*„Klarheit, Symmetrie, Harmonie und intensive Farbgebung"* (Reinhart 2011: 14-15). Diese Elemente sind allgemein gültig und auch auf Gegenstände wie Blumen oder Häuser anwendbar. Symmetrie bedeutet, dass die Proportionen ausgewogen sein müssen. Die Griechen entwickelten ein auf Mathematik basierendes System. Es hat bis heute Gültigkeit.

Schöne Menschen genießen im Umgang mit anderen Menschen viele Vorteile. Ihnen, selbst ihrem Umfeld, werden positivere Charaktereigenschaften zugesprochen, als weniger schönen Menschen. Sie knüpfen schneller Kontakte und werden im Beruf bevorzugt behandelt. Schönheit verheißt Reichtum und Erfolg. Es ist folglich eine ganz rationale Angelegenheit, in die eigene Schönheit zu investieren.

Im Kapitel über die Mode wurden ihre zwei Funktionen – Nachahmung und Abgrenzung (nach Simmel) – erläutert und bestimmte Wirkmechanismen der Modeindustrie erklärt.

Bourdieu gliedert die Gesellschaft Frankreichs in drei relativ starre Klassen. Diese sind für Deutschland 2012 nur bedingt verwendbar und die soziale Ungleichheit wurde mit Hilfe der Sinusmilieus veranschaulicht. *Die feinen Unterschiede* der Milieus und die ihnen zugeordneten drei Geschmäcker – legitim, mittel und populär - wurden dargelegt. Von besonderer Bedeutung sind Unterschiede im Kunstgeschmack und der Selbstdarstellung und Repräsentation. Der Kunstgeschmack der Oberschicht ist abstrakt und extravagant, die Unterschicht liebt realistische Darstellungen. Da sich diese Analyse mit Fotografien beschäftigt, wurde die „illegitime Kunst" im Sinne Bourdieus untersucht. Es ist zwar eine schaffenden und auch künstlerische Tätigkeit, aber eine richtige Kunst ist das Fotografieren nicht. Sie sei vielmehr eine Ersatzhandlung mangels andere Künste. Auf der anderen Seite wäre eine andere Form der Darstellung in Frauenzeitschriften undenkbar. Eine Zeichnung oder eine Gemälde zu schaffen würde zu viel Zeit in Anspruch nehmen, noch dazu in der schnelllebigen Welt der Mode. Als Darstellung in Zeitschriften ist nur die Fotografie geeignet. Das den oberen Milieus zugeordnete Gesellschaftsmagazin für Frauen, „Elle", versucht einen Kompromiss zu schaffen, indem sie fast ausschließlich künstlerisch anmutende Fotografien ins Heft stellt. Sogar die Mode muss sich dem Künstlerischen unterordnen. Es ist wichtiger, ein *schönes Bild* zu schaffen, als die Mode erkennen zu können. Der Inhalt muss vor dem Eindruck zurückstehen. Die drei ausgewählten Zeitschriften entstammen dem Burda Verlag. Anhand der Mediadaten wurden sie bestimmten Milieus und Schichten zugeordnet.

Mit der Frage, ob Fotografien überhaupt als Kunst bezeichnet werden können, beschäftigte sich Bourdieu in seinem Werk „Eine illegitime Kunst". Es ist auf der einen Seite eine reine Alltagshandlung, auf der anderen Seite wird Fotografie häufig zur Kunstform erhoben. Beides ist nicht treffend. Es ist weder eine reine Alltagshandlung, da Fotografie immer die Auffassung von Ästhetik des Fotografierenden widerspiegelt, noch ist es eine legitime Kunstform wie die Malerei, für welche nicht nur Talent, sondern auch eine lange Ausbildung nötig ist. Fotografieren benötigt keine Ausbildung, mit einer Kamera kann jeder „sofort losknipsen". Jedoch ist für ausgewogen komponierte Bilder Erfahrung und mitunter viel Technik nötig. Für die künstliche Schaffung der richtigen Lichtverhältnisse muss einiges an Aufwand betrieben werden, was dem Laien sicher nicht auf Anhieb gelingen wird. Der *Blick* oder das *Gefühl* für ein gelungenes, harmonisches Bild, das Talent für Komposition und Farben, *der Sinn für Schönheit*, sind in jeder schaffenden Kunst identisch und trifft in gleichem Ausmaß für die Fotografie wie für legitime Künste zu.

4.1. Fazit

Das Ziel der Untersuchung war, die Schönheitsbilder in unterschiedlichen Frauenzeitschriften abzubilden. Die Annahme war, dass die der Oberschicht und oberen Mittelschicht zugeordnete „Elle" andere Bilder aufweist, als die der Mittelschicht zugeordnete „Freundin" und die der unteren Mittelschicht und Unterschicht zugeordnete „Frau im Trend". Dies konnte nachgewiesen werden. Wie diese Unterschiede aussehen könnten, war vor der Analyse nicht klar. Die Ergebnisse wurden mit der Grounded Theory ermittelt, das heißt, die Bildertypen wurden erst nach der Auswertung der Bilder erhoben.

Eine Vermutung war, dass Werbebilder sich deutlich von den redaktionellen unterscheiden, dem ist aber nicht so. Die Bilder unterscheiden sich eher von Zeitschrift zu Zeitschrift, die Werbebilder jedoch fügen sich flüssig in das jeweilige Konzept ein.

Zur Erhebung der Daten wurde der Kriterienkatalog verwendet, den die Autorin selbst entwickelte, da geeignete soziologische Literatur zur Bildanalyse nicht zur Verfügung stand. Anhand der Daten wurden acht verschiedene Typen von Frauenbildern ermittelt:

1. Das geometrische Bild
2. Das disharmonische Bild – der Bruch
3. Die Prinzessin
4. Das erotisch-sinnliche Bild
5. Das nostalgische beziehungsweise Retrobild
6. Das erstarrte Bild
7. Das alltagsweltliche Bild
8. Die Modefotografie

Fotografien sind multidimensional, sie beinhalten viele verschiedene Facetten. Pro Typ war jedoch immer ein herausragendes Merkmal vorhanden, dass jeweils nur bei einem Typ vorkommt und deshalb die Zuordnung ermöglichte.

Diese Bilder waren in drei verschiedenen Zeitschriften unterschiedlich verteilt. Die Vermutung, dass das disharmonische Bild als „Eyecatcher" bevorzugt in der Werbung Verwendung finden würde, bestätigte sich nicht. Die Modefotografie kommt bis auf sehr vereinzelte Ausnahmen nur in der „Frau im Trend" vor, und dass, obwohl sich sowohl „Elle" als auch „Freundin" im redaktionellen Teil stark auf Mode konzentrieren, viel mehr, als die „Frau im Trend". Die künstlerisch anspruchsvolleren und technisch aufwendigen Bilder „Die Prinzessin" und das geometrische Bild finden sich hauptsächlich in „Elle". Ihr Kunstanspruch ist der der gehobenen Sozialmilieus – abstrakt und mit bewusster Distinktion nach „unten". Die in den Modestrecken vorgestellten Moden und Trends müssen hinter dem Künstlerischen zurückstehen. „Elle" kann es sich leisten, einem Model einen mehrere Tausend Euro teuren Anzug anzuziehen, und ihn dann nicht zu zeigen. Vielleicht macht genau das den Reiz des Bildes aus?

Die Bilder der „Frau im Trend" haben im im Gegensatz dazu keinerlei Kunstanspruch und wirken wie „Schnappschüsse". Die Fotos der „Freundin" stellen zwar alltagsweltliche Situationen dar, jedoch sind die Bilder technisch ausgereifter als die der „Frau im Trend". Es wurde auf eine ausgewogene Kombination der Farben und Farbflächen geachtet. Dies lässt die Bilder hochwertig erscheinen. Gleichzeitig bewegen sie sich dadurch vom Alltäglichen weg und bilden einen fast karikierten Alltag ab. Die Bilder vermitteln zwischen den schnappschussartigen Abbildungen der „Frau im Trend" und den künstlerisch abstrakten Abbildungen der „Elle". Die Kunstvorstellung der Mittelschicht wurde von Bourdieu als „mittel" bezeichnet, gleichwohl werden realistische Darstellungen bevorzugt, aber gleichzeitig die Oberschicht als wünschenswerter Status quo imitiert. Diese beiden gegensätzlichen Elemente – Abstraktion und Realismus - vereinen die Alltagsbilder mit künstlerischem Anspruch in „Freundin".

So konnte nachgewiesen werden, dass, obwohl über alle Gesellschaftsschichten hinweg, das gleiche Schönheitsideal existiert, die Vorstellungen und Bilder von dem, was eine Frau und ihre Ästhetik ausmachen, sehr differenziert sind.

4.2. Ausblick

Dieses Buch bot nur einen Ausschnitt über das Thema „Schönheitsbilder in Frauenzeitschriften", da es im begrenzten Rahmen dieser Untersuchung nicht möglich war, das Thema erschöpfend zu behandeln.

Interessant wäre eine Untersuchung der Bilder hinsichtlich der *Tätigkeiten*, die die Frauen darauf ausführen. Tun sie überhaupt etwas? Es hat in den achtziger Jahren bereits eine Analyse von Werbebildern in dieser Richtung gegeben. Ein Vergleich der Ergebnisse wäre spannend.

Die Zeitschriften weisen einige Differenzen in Wort und Bild auf, die neue Ansätze für die Forschung liefern könnten. So werden in „Freundin" sehr schlanke Models gezeigt, in den *Texten* aber teilweise abwertend über dieselben gesprochen, etwa in dem Sinn: Männer bevorzugten normalgewichtige Frauen (wie die Leserin) und keine Mager-Models. Es gab in den letzten Jahren erste Ansätze, normalgewichtige Frauen in der Werbung einzusetzen, zum Beispiel bei „Dove", dieses Konzept scheint sich, zumindest in den Printmedien, nicht durchzusetzen. Auch interessant: Sowohl in „Freundin", als auch in der „Frau im Trend" fanden sich im vorderen Teil Diättipps und Ratgeber zur gesunden Ernährung, im hinteren Kochrezepte für kalorienreiche Speisen, wie Torte. Die relativ neue Disziplin der Körpersoziologie wird sich in weitere Zukunft mit diesen und ähnlichen Themen auseinandersetzen müssen. Vor allem mit den Folgenerscheinungen, die dieses permanenten Bilderfluten auslösen. Zitt beschäftigte sich bereits mit den Konsequenzen stark retuschierter Bilder schönheitsoperierter Menschen in den Medien.

Er zitiert Grafiker Heinz Rauscher, der preisgab, dass jedes Foto in „Woman" vier bis fünf mal, insgesamt circa einen Tag lang, bearbeite wird. Vor allem in Lifestyle-Zeitschriften sei dies der Fall. Mittels ausgereifter Techniken der Bildbearbeitung können Fotos, sogar Filme, derart verändert werden, dass es für den Laien nicht zu erkennen ist[108]. Das Thema der Bildbearbeitung konnte in dieser Analyse nur kurz angerissen werden. Es fiel auf, dass die Models in der „Elle" einen „verschlankten" Eindruck machten, obwohl sie ohnehin sehr schlank waren. Ein Unterschied im Eindruck der Bilder zwischen den relativ anspruchsvollen von „Elle" und „Freundin" und den schnappschussartigen der „Frau im Trend" könnte unter anderem in der Bildbearbeitung zu finden sein.

Was für Folgen hat der Konsum derart veränderter Menschen (durch Operationen) und der nochmals veränderten und verbesserten Bilder derselben für Kinder? Was empfindet ein Mädchen, wenn es feststellt, dass die Brüste, die es bekommt, nicht wie zwei „halbierte Melonen am Körper kleben"?

Die Autorin Natascha Walter hat in ihrem Werk „Living Dolls" den geschlechterdifferenzierten Spielzeugmarkt für Kinder in England angesprochen. Die Autorin der vorliegenden Studie hat im deutschen Zeitschriftenhandel Kinderzeitschriften begutachtet und festgestellt, dass sich diese Differenzierung hier fortsetzt. Alle Zeitschriften für Mädchen sind rosa und tragen bezeichnende Titel, wie: „Topmodel", „Bella Sara" und „Traum-Prinzessin". Sie beschäftigen sich ausschließlich mit Äußerlichkeiten und dekorativer Kosmetik. Wozu braucht ein Kind dekorative Kosmetik wie rosafarbenen Lipgloss? Alle eher naturwissenschaftlichen Zeitschriften sprachen nur Jungen an, wie „Löwenzahn" und „Willi wills wissen". Wie kommt es zu dieser geschlechterdifferenzierten Kindererziehung und Festlegung auf tradierte Rollenvorstellungen, nachdem Feministinnen wie Simone de Beauvoir in vergangenen Jahrzehnten bereits einiges für die geschlechtsneutrale Kindererziehung erreicht hatten? Was sind die Folgen, wenn die Gehirne von Mädchen permanent mit rosa-lila Glitzer „weichgespült" werden und sie eines Tages feststellen, dass sich vom Modeln allein doch nicht das Traumschloss kaufen lässt?

---

108 vgl. Zitt 2008: 36

5. Literaturliste

Albert, Gert/ **Bienfait,** Agathe/ **Sigmund,** Steffen/ **Wendt,** Claus (Hg.) (2003): Das Weber-Paradigma. Tübingen: Mohr Siebeck.

Asgodom, Sabine (2010): Das Leben ist zu kurz für Knäckebrot. Selbstbewusst in allen Kleidergrößen. München: Kösel-Verlag (eBook).

Barnard, Malcolm (2002): Fashion as Communication. London/ New York: Routledge.

Becker, Gary S. (1993) a): A treatise on the family. Cambridge/ London: Harvard University Press (enlarged edition).

Becker, Gary S. (1993) b): Der ökonomische Ansatz zur Erklärung menschlichen Verhaltens. Tübingen: Mohr.

Becker, Susanne (1999): Am Millennium – jenseits der Mode. Interview mit Suzy Menkes. In: Becker, Susanne/ Schütte, Stefanie (Hrsg.) (1999): Magisch angezogen. Mode. Medien. Markenwelten. München: Beck.

Becker, Susanne/ **Schütte**, Stefanie (Hrsg.) (1999): Magisch angezogen. Mode. Medien. Markenwelten. München: Beck.

Böhlich, Adolf u.a. (1990): Kunst und Umwelt. Erleben. Gestalten. Urteilen. Berlin: Volk und Wissen Verlag GmbH.

Bourdieu, Pierre (1987): Die feinen Unterschiede. Kritik der gesellschaftlichen Urteilskraft. Frankfurt am Main: Suhrkamp Verlag, 1. Auflage. Titel der Originalausgabe: La distinction. Critique sociale du jugement. Paris: Les éditions de minuit (1979).

Bourdieu, Pierre/ **Boltanski,** Luc u.a. (2006): Eine illegitime Kunst. Die sozialen Gebrauchsweisen der Fotografie. Hamburg: EVA | Europäische Verlagsanstalt. Titel der Originalausgabe: Un art moyen. Essai sur les usages sociaux de la photographie. Paris: Les éditions de minuit (1965).

Bovenschen, Silvia (1986): Die Listen der Mode. Frankfurt am Main: Suhrkamp Verlag (1. Auflage).

Burzan, Nicole (2011): Soziale Ungleichheit. Eine Einführung in die zentralen Theorien. Wiesbaden: VS Verlag für Sozialwissenschaften (4. Auflage).

Conrad, Peter/ **Rondini,** Ashley (2010): The Internet and Medicalization: Reshaping the Global Body and Illness. In: **Ettore**, Elizabeth (2010): Culture, Bodies and the Sociology of Health. Farnham/ Burlington: Ashgate.

Degele, Nina (2004): Sich schön machen. Zur Soziologie von Geschlecht und Schönheitshandeln. Wiesbaden: VS Verlag für Sozialwissenschaften/ GWV Fachverlage GmbH.

Esser, Hartmut (2001): Das „Framing" der Ehe und das Risiko zur Scheidung. In: **Huinink,** Johannes/ **Strohmeier,** Klaus P./ **Wagner,** Michael (Hg.) (2001): Solidarität in Partnerschaft und Familie. Zum Stand familiensoziologischer Theoriebildung. Würzburg: Ergon.

Esser, Hartmut (2002): In guten wie in schlechten Tagen? Das Framing der Ehe und das Risiko zur Scheidung. Eine Anwendung und ein Test des Modells der Frame-Selektion. Kölner Zeitschrift für Soziologie und Sozialpsychologie, 54.

Esser, Hartmut (2003): Die Rationalität der Werte. Die Typen des Handelns und das Modell der soziologischen Erklärung. In: **Albert,** Gert/ **Bienfait,** Agathe/ **Sigmund,** Steffen/ **Wendt,** Claus (Hg.) (2003): Das Weber-Paradigma. Tübingen: Mohr Siebeck.

Ettore, Elizabeth (2010): Culture, Bodies and the Sociology of Health. Farnham/ Burlington: Ashgate.

Etzrodt, Christian (2000): Alfred Schütz – Ökonom und/ oder Soziologe? Eine Kritik an Hartmut Essers Interpretation der Theorie von Alfred Schütz und an seiner „Defintion der Situation". Kölner Zeitschrift für Soziologie und Sozialpsychologie, 52.

Fröhlich, Romy (1995): Der Markt der Frauenmedien in der Bundesrepublik Deutschland. In: **Fröhlich,** Romy/ **Holtz-Bacha,** Christina (1995): Frauen und Medien. Eine Synopse der deutschen Forschung. Opladen: Westdeutscher Verlag.

Fröhlich, Romy/ **Holtz-Bacha,** Christina (1995): Frauen und Medien. Eine Synopse der deutschen Forschung. Opladen: Westdeutscher Verlag.

Früh, Werner (2007): Inhaltsanalyse. Konstanz: UVK Verlagsgesellschaft mbH. 6.Auflage.

Geißler, Rainer (2006): Die Sozialstruktur Deutschlands. Zur gesellschaftlichen Entwicklung mit einer Bilanz zur Vereinigung. Wiesbaden: VS Verlag für Sozialwissenschaften (4., überarbeitete und aktualisierte Ausgabe).

Guggenberger, Bernd (1995): Einfach schön. Schönheit als soziale Macht. Hamburg: Rotbuch Verlag.

Haecker, Theodor (1953): Schönheit. Ein Versuch. München: Kösel-Verlag.

Hakim, Catherine (2012): Erotisches Kapital. Das Geheimnis erfolgreicher Menschen. Frankfurt/ New York: Campus Verlag GmbH, eBook. Titel der Originalausgabe: Honey Money. The Power of Erotic Capital. London: Penguin Books Ltd. (2011).

Hill, Paul B. / **Kopp,** Johannes (2006): Familiensoziologie. Grundlagen und Perspektiven. Wiesbaden: Westdeutscher Verlag (4. überarbeitete Auflage).

Hradil, Stefan (2001): Soziale Ungleichheit in Deutschland. Opladen: Leske + Budrich (8. Auflage).

Hradil, Stefan (2004): Die Sozialstruktur Deutschlands im internationalen Vergleich. Wiesbaden: VS Verlag für Sozialwissenschaften.

Huinink, Johannes/ **Strohmeier,** Klaus P./ **Wagner,** Michael (Hg.) (2001): Solidarität in Partnerschaft und Familie. Zum Stand familiensoziologischer Theoriebildung. Würzburg: Ergon.

Hurrelmann, Klaus/ **Albert,** Mathias/ **TNS Infratest Sozialforschung** (2006): 15. Shell Jugendstudie. Jugend 2006. Frankfurt am Main: Fischer Taschenbuch Verlag.

Klein, Thomas 2005: Sozialstrukturanalyse. Eine Einführung. Reinbek bei Hamburg: Rowohlt Verlag GmbH.

König, René 1967: Kleider und Leute. Zur Soziologie der Mode. Frankfurt am Main/ Hamburg: Fischer Bücherei GmbH.

Kroneberg, Clemens (2005): Die Definition der Situation und die variable Rationalität der Akteure. Ein allgemeines Modell des Handelns. Zeitschrift für Soziologie, 34.

Lagneau, Gerard (1965): Optische Tricks und Gaukelspiel. In: **Bourdieu,** Pierre/ **Boltanski,** Luc u.a. (2006): Eine illegitime Kunst. Die sozialen Gebrauchsweisen der Fotografie. Hamburg: EVA | Europäische Verlagsanstalt. Titel der Originalausgabe: Un art moyen. Essai sur les usages sociaux de la photographie. Paris: Les editions de Minuit (1965).

Lindgens, Monika (1982): Der Markt der Frauenzeitschriften in der Bundesrepublik. Eine Bestandsaufnahme und Analyse der Entwicklungstendenzen. Media Perspektiven, 5.

Menninghaus, Winfried (2007): Das Versprechen der Schönheit. Frankfurt am Main: suhrkamp taschenbuch wissenschaft.

Muckenhaupt, Manfred (1986): Text und Bild. Grundfragen der Beschreibung von Text-Bild-Kommunikaton aus sprachwissenschaftlicher Sicht. Tübingen: Gunter Narr Verlag.

Müller, Jürgen (1999): Mode für die Massen – Modemacher H & M. In: Becker, Susanne/ Schütte, Stefanie (Hrsg.) (1999): Magisch angezogen. Mode. Medien. Markenwelten. München: Beck.

Penz, Otto (2001): Metamorphosen der Schönheit. Eine Kulturgeschichte moderner Körperlichkeit. Wien: Turia & Kant.

Posch, Waltraud (2009): Projekt Körper. Wie der Kult um die Schönheit unser Leben prägt. Frankfurt am Main/ New York: Campus Verlag GmbH.

Reinhart, Martina (2011): Schönheit und der Körper der Frau. Eine Analyse. Wien-Klosterneuburg: EDITION VA bENE.

Sagner, Karin (2011): Schöne Frauen. Von Haut und Haaren, Samt und Seife. Die gepflegte Frau in der Kunst. München: Elisabeth Sandmann Verlag GmbH (1. Auflage).

Schäfers, Bernhard (2003): Grundbegriffe der Soziologie. Opladen: Leske + Budrich (8., überarbeitete Auflage).

Schulze, Gerhard (2000): Die Erlebnisgesellschaft. Kultursoziologie der Gegenwart. Frankfurt am Main/ New York: Campus Verlag GmbH (8. Auflage).

Schütte, Stefanie (1999): Macht und Ohnmacht der Designer: Zwischen Popstar und Popart. In: Becker, Susanne/ Schütte, Stefanie (Hrsg.) (1999): Magisch angezogen. Mode. Medien. Markenwelten. München: Beck.

Setzwein, Monika (2004): Ernährung – Körper – Geschlecht. Zur sozialen Konstruktion von Geschlecht im kulinarischen Kontext. Wiesbaden: VS Verlag für Sozialwissenschaften.

Simmel, Georg (1986): Die Mode. In: Bovenschen, Silvia (1986): Die Listen der Mode. Frankfurt am Main: Suhrkamp Verlag (1. Auflage).

Sinus Sociovision GmbH (2011): Die Sinus-Mileus®. Heidelberg: Sinus-Institut. http://www.sinus-institut.de/de/infobereich-fuer-studierende.html.

Thoennes, Ann-Kathrin (2007): Zielgruppen und Markencharakter von Zeitschriften. Eine Untersuchung von „Burda Moden". München: GRIN Verlag GmbH.

Treibel, Annette (2000): Einführung in soziologische Theorien der Gegenwart. Opladen: Leske + Budrich.

Walter, Natascha (2012): Living Dolls. Warum junge Frauen heute lieber schön als schlau sein wollen. Frankfurt am Main: S. Fischer Verlag GmbH. Original: ebd. (2010): Living Dolls – The Return of Sexism. London: Little, Brown Book Group Ltd..

Weiß, Hans/ **Lackinger Karger,** Ingeborg (2011): Schönheit. Die Versprechen der Beauty-Industrie – Nutzen, Risiken, Kosten. Wien/ Hamburg: Kreutzfeldt digital, Deuticke im Paul Zsolnay Verlag (eBook).

Wolf, Naomi (1993): Der Mythos Schönheit. Reinbek bei Hamburg: Rowohlt Verlag GmbH.

Zitt, Christian (2008): Vom medialen Körperkult zum gesellschaftlichen Krankheitsbild. Zu den Zusammenhängen zwischen der Darstellung des weiblichen Körpers in Printmedien und Internet und Essstörungen. Wien: Praesens Verlag.

5.1. Nichtwissenschaftliche Quellen

Jacherts, Iris/ **Strauß,** Friedrich (2006): Balkonblumen. Schritt für Schritt zur Idylle auf Balkon und Terrasse. München: GRÄFE UND UNZER VERLAG GmbH.

Siegel, Eliot (2006): Modefotografie. Grundlagen. Praxis. Techniken. München: Stiebner Verlag GmbH.

5.2. Ausgewertete Zeitschriften

Elle. Deutsche Ausgabe. November 2011

Elle. Deutsche Ausgabe. Februar 2012

Elle. Deutsche Ausgabe. Juli 2012

Frau im Trend. 9/ 2012: 24.02.2012

Frau im Trend. 21/ 2012: 18.05.2012

Frau im Trend. 25/2012: 15.06.2012

Freundin. 25/ 2011: 16.11.2011

Freundin. 6/ 2012: 22.02.2012

Freundin. 14/ 2012: 13.06.2012

5.3. Internetquellen

Axel Springer MA-Reichweiten (Abruf 14.08.2012): Tabellen mit Mediadaten. http://www.ma-reichweiten.de/index.php?
fm=1&tt=2&mt=1&sc=000&vr=1&d0=0&d1=1&d2=2&d3=-1&b2=0&vj=1&mg=a0&ms=29&bz=2&m0=0&rs=28&m1=237300&vs=3&m2=201700&m3=284900

Axel Springer MA-Reichweiten (Abruf 14.08.2012): Mediadaten. http://www.ma-reichweiten.de/

BCN Burda Community Network (Abruf 16.08.2012): Download-Center. „Frau im Trend" Factsheet. http://www.burda-community-network.de/marken/zeitschriften/frau-im-trend-lesen-wos-langgeht_aid_44.html

BCN Burda Community Network (Abruf 16.08.2012): Download-Center. „ELLE" Objektprofil 2012. http://www.burda-community-network.de/marken/zeitschriften/elle-der-wahre-stil-_aid_3.html

BCN Burda Community Network (Abruf 16.08.2012): Download-Center. „Freundin" Objektprofil 2012. http://www.burda-community-network.de/marken/zeitschriften/freundin-die-lust-am-leben_aid_23.html

BMI-Rechner. Informationen zum Body Mass Index. (Abruf 06.09.2012) http://www.bmi-rechner.net/

BZgA Bundeszentrale für gesundheitliche Aufklärung Essstörungen (Abruf 03.08.2012): http://www.bzga-essstoerungen.de/

Drei Haselnüsse für Aschenbrödel (Abruf 07.08.2012): http://www.dreihaselnuessefueraschenbroedel.de/

Hubert Burda Media (Abruf 14.08.2012): Historie Aenne Burda. http://www.hubert-burda-media.de/unternehmen/historie/aenne-burda/

Hubert Burda Media (Abruf 14.08.2012): Geschäftsfelder. Marken. „Freundin". http://www.hubert-burda-media.de/geschaeftsfelder/verlage-inland/marken/-freundin_aid_8264.html

Hubert Burda Media (Abruf 14.08.2012): Geschäftsfelder. Marken. „Elle". http://www.hubert-burda-media.de/geschaeftsfelder/verlage-inland/marken/-elle_aid_8251.html

Hubert Burda Media (Abruf 14.08.2012): Geschäftsfelder. Marken. „Frau im Trend". http://www.hubert-burda-media.de/geschaeftsfelder/verlage-inland/marken/-frau-im-trend_aid_8257.html

QVC (Abruf: 31.07.2012): POMPÖÖS DESIGN by Harald Glöckler. Softformende Push-Up Hose Strasskrone. http://www.qvc.de/Push-up-Hose.product.197513.html?orisc=DRIL&sc=197513-DRIL&cm_sp=VIEWPOSITION-_-2-_-197513

Schloss Moritzburg (Abruf 07.08.2012): Ausstellung „Drei Haselnüsse für Aschenbrödel". Die Winterausstellung zum Kultfilm. http://www.maerchenschloss-moritzburg.de/de/die_austellung/

Sinus-Institut Heidelberg (Abruf 02.09.2012): Sinusmilieus. http://www.sinus-institut.de/loesungen/sinus-milieus.html

Sinus-Institut Heidelberg (Abruf 02.09.2012): Infobereich für Studierende. http://www.sinus-institut.de/de/infobereich-fuer-studierende.html

Pinsel, Stift und Farbe (Abruf 03.09.2012): Mal- und Zeichenblo(ck)g. Menschen zeichnen – Proportionsregeln. http://malen-malerei.de/proportionsregel-menschen-zeichnen

Verschönerungs- und Museumsverein Willendorf (Abruf 16.07.2012): Venus von Willendorf. http://willendorf.info/verkauf.htm

Vollrath, Angela (Abruf 04.08.2012): Angie`s Online Welt. Die offizielle Homepage von Miss Barbie Deutschland. http://www.bambolina-angela.de/

W & V (Abruf 07.08.2012): Werben & Verkaufen. Nachrichten. http://www.wuv.de/nachrichten/digital/secret_de_friendscout24_wagt_erotischen_seitensprung

Wikipedia (Abruf 04.08.2012): Barbie. http://de.wikipedia.org/wiki/Barbie

Wikipedia (Abruf 24.08.2012): Pretty Woman. http://de.wikipedia.org/wiki/Pretty_Woman

Woodstock (Abruf 09.08.2012): http://www.woodstock.com/

6. Abbildungsverzeichnis

Abbildung 1: „Venus von Willendorf"...9

Abbildung 2: „Miss Barbie" Angela Vollrath. „Freundin" November 2011: 117...........20

Abbildung 3: Runway Look. "Elle" Februar 2012: 89..26

Abbildung 4: Florence Welch. "Elle" Februar 2012: 89...26

Abbildung 5: Studentenversion Kartoffelgrafik. Sinus-Institut Heidelberg, 2011..........29

Abbildung 6: "Elle" gesamt...53

Abbildung 7: "Freundin" gesamt...55

Abbildung 8: "Frau im Trend" gesamt...56

Abbildung 9: Haarpflege. „Elle" Juli 2012: 123..59

Abbildung 10: Beine. „Elle" Juli 2012: 11..62

Abbildung 11: Tätowiert. Elle November 2011: 18...63

Abbildung 12: Karriere. „Freundin" Juni 2012: 93..64

Abbildung 13: Traumreise. „Freundin" November 2011: 238....................................65

Abbildung 14: Rückenschmerzen. "Elle" November 2011: 186..................................66

Abbildung 15: Erotik im Taxi. „Frau im Trend" Mai 2012: 59...................................67

Abbildung 16: Gefesselt. „Freundin" November 2011: 11...67

Abbildung 17: Armani. „Freundin" November 2011: 23..68

Abbildung 18: Erotik. Dekollete. „Freundin" November 2011: 84..............................69

Abbildung 19: Vivien Leigh. Elle November 2011: 134..70

Abbildung 20: The Fifties. Freundin Februar 2012: 57..71

Abbildung 21: Retro. Wanderhure. „Freundin" Februar 2012: 175.............................72

Abbildung 22: Erstarrt 1: „Elle" November 2011: 17..73

Abbildung 23: Erstarrt 2. „Freundin" Juni 2012: 65..74

Abbildung 24: Alltag im Schloss. „Elle" Februar 2012: 18-19..................................75

Abbildung 25: Arbeitsalltag. „Frau im Trend" Mai 2012: 44....................................76

Abbildung 26: Zähne putzen. „Frau im Trend" Juni 2012: 32-33..............................77

Abbildung 27: Perfekt gestylt im Alltag. „Elle" Februar 2012: 6-7............................78

Abbildung 28: Kaufhausmode. „Freundin" Februar 2012: 62...................................79

Abbildung 29: Mode. „Frau im Trend" Juni 2012: 14-15..80

Abbildung 30: Die Farbe gelb. Ein Beispielbild für Multidimensionalität. „Elle" November 2012: 94..81

7. Anhang

Die folgenden neun Tabellen sind eigene Darstellungen.

7.1. Bildertypen Elle November 2011

„Elle" 11/2011	Alltag/ Artikel	Fashion/ Beauty	Werbung
		„von innen"	„von außen"
1. Geometrisches Bild	3	10	16
2. Das disharmonische Bild	2	7	12
3. Die Prinzessin	11	8	5
4. Das erotisch-sinnliche Bild	1		11
5. Das nostalgische bezw. Retrobild	5	12	5
6. Das erstarrte Bild		1	6
7. Das alltagsweltliche Bild	3		10
8. Die Modefotografie			1
9. andere	1	10	8
gesamt	26	48	74
gesamt		74	74

Gesamt: 148

7.2. Bildertypen „Elle" Februar 2012

„Elle" 02/2012	Alltag/ Artikel	Fashion/ Beauty	Werbung
		„von innen"	„von außen"
1. Geometrisches Bild		10	17
2. Das disharmonische Bild		1	3
3. Die Prinzessin	5	11	5
4. Das erotisch-sinnliche Bild			3
5. Das nostalgische bezw. Retrobild	2	32	11
6. Das erstarrte Bild		1	1
7. Das alltagsweltliche Bild	4	3	11
8. Die Modefotografie			
9. andere	1	14	11
gesamt	12	72	62
gesamt		84	

Gesamt: 146

7.3. Bildertypen „Elle" Juli 2012

„Elle" 07/2012	Alltag/ Artikel	Fashion/ Beauty	Werbung
		„von innen"	„von außen"
1. Geometrisches Bild	3	13	4
2. Das disharmonische Bild	3	10	2
3. Die Prinzessin	2	6	8
4. Das erotisch-sinnliche Bild	1		2
5. Das nostalgische bezw. Retrobild	10	10	1
6. Das erstarrte Bild			3
7. Das alltagsweltliche Bild	4	1	6
8. Die Modefotografie			
9. andere	5	4	2
gesamt	28	44	28
gesamt		72	28

Gesamt: 100

7.4. Bildertypen „Frau im Trend" 24.02.2012

„Frau im Trend" Nr. 9 24.02.2012	Alltag/ Artikel	Fashion/ Beauty	Werbung
		„von innen"	„von außen"
1. Geometrisches Bild			
2. Das disharmonische Bild			
3. Die Prinzessin			
4. Das erotisch-sinnliche Bild	1		
5. Das nostalgische bezw. Retrobild		1	
6. Das erstarrte Bild			
7. Das alltagsweltliche Bild	21	2	4
8. Die Modefotografie		8	1
9. andere		1	1
gesamt	22	12	6
gesamt		34	6

Gesamt: 40

7.5. Bildertypen „Frau im Trend" 18.05.2012

„Frau im Trend" Nr. 21 18.05.2012	Alltag/ Artikel	Fashion/ Beauty	Werbung
	„von innen"		„von außen"
1. Geometrisches Bild			
2. Das disharmonische Bild			
3. Die Prinzessin			
4. Das erotisch-sinnliche Bild	1		
5. Das nostalgische bezw. Retrobild			
6. Das erstarrte Bild			
7. Das alltagsweltliche Bild	22	5	
8. Die Modefotografie	3	7	1
9. andere			2
gesamt	26	12	3
gesamt	38		3

Gesamt: 41

7.6. Bildertypen „Frau im Trend" 15.06.2012

„Frau im Trend" 15.06.2012	Alltag/ Artikel	Fashion/ Beauty	Werbung
	„von innen"		„von außen"
1. Geometrisches Bild			
2. Das disharmonische Bild			
3. Die Prinzessin	(1)		
4. Das erotisch-sinnliche Bild	1		
5. Das nostalgische bezw. Retrobild			
6. Das erstarrte Bild			
7. Das alltagsweltliche Bild	20	4	3
8. Die Modefotografie		11	1
9. andere	1	2	
gesamt	23	17	4
gesamt	40		4

Gesamt: 44

7.7. Bildertypen „Freundin" 16.11.2011

„Freundin" 25/ 2011 16.11.2011	Alltag/ Artikel	Fashion/ Beauty	Werbung
		„von innen"	„von außen"
1. Geometrisches Bild	1		1
2. Das disharmonische Bild			1
3. Die Prinzessin	4		3
4. Das erotisch-sinnliche Bild	1	3	3
5. Das nostalgische bezw. Retrobild	2		5
6. Das erstarrte Bild		2	8
7. Das alltagsweltliche Bild	12	15	19
8. Die Modefotografie			1
9. andere	5	7	10
gesamt	25	27	51
gesamt		52	51

Gesamt: 103

7.8. Bildertypen „Freundin" 22.02.2012

„Freundin" 22.02.2012	Alltag/ Artikel	Fashion/ Beauty	Werbung
		„von innen"	„von außen"
1. Geometrisches Bild	1		4
2. Das disharmonische Bild			
3. Die Prinzessin		(1)	(1)
4. Das erotisch-sinnliche Bild	2		(1)
5. Das nostalgische bezw. Retrobild		5	1
6. Das erstarrte Bild			3
7. Das alltagsweltliche Bild	12	12	15
8. Die Modefotografie			2
9. andere		5	7
gesamt	15	23	34
gesamt		38	34

Gesamt: 72

7.9. Bildertypen „Freundin" 13.06.2012

„Freundin" 13.06.2012	Alltag/ Artikel	Fashion/ Beauty	Werbung
	„von innen"		„von außen"
1. Geometrisches Bild	1		
2. Das disharmonische Bild	1	7	1
3. Die Prinzessin			1
4. Das erotisch-sinnliche Bild	1	1	1
5. Das nostalgische bezw. Retrobild		4	
6. Das erstarrte Bild			4
7. Das alltagsweltliche Bild	12	10	12
8. Die Modefotografie			1
9. andere	4	4	8
gesamt	**19**	**26**	**28**
gesamt	**45**		**28**

Gesamt: 73

Quelle der nachfolgenden Tabelle:

Axel Springer MA-Reichweiten (Abruf 14.08.2012): Tabellen mit Mediadaten.
http://www.ma-reichweiten.de/index.php?
fm=1&tt=2&mt=1&sc=000&vr=1&d0=0&d1=1&d2=2&d3=-1&b2=0&vj=1&mg=a0&ms=29&bz=2&m0=0&rs=28&m1=237300&vs=3&m2=201700&m3=284900

Titelstruktur

Vergleich ma 2012 Pressemedien II zu ma 2011 Pressemedien II
Basis: Frauen (ma 2012 Presse II: 35,85 Mio. / 51,1 % / 19.703 gew. Fälle)

	Basis			ELLE			freundin			Frau im Trend		
	Zusammensetz. %		Verän-	Zusammensetz. %		Verän-	Zusammensetz. %		Verän-	Zusammensetz. %		Verän-
	ma 2011 Presse II	ma 2012 Presse II	derung: Index	ma 2011 Presse II	ma 2012 Presse II	derung: Index	ma 2011 Presse II	ma 2012 Presse II	derung: Index	ma 2011 Presse II	ma 2012 Presse II	derung: Index
Gesamt	100	100	100	100	100	100	100	100	100	100	100	100
Geschlecht:												
Männer	0	0	100	0	0	100	0	0	100	0	0	100
Frauen	100	100	100	100	100	100	100	100	100	100	100	100
Stellung im Haushalt:												
Haushaltführende	86	85	99	77	84	109	86	85	100	93	95	102
Hauptverdiener	32	33	102	29	31	107	27	28	103	28	31	109
Altersgruppen:												
14 - 19 Jahre	7	7	97	9	7	72	6	7	120	2	1	58
20 - 29 Jahre	13	13	100	26	14	56	18	16	91	8	8	97
30 - 39 Jahre	14	13	98	15	20	131	19	20	102	15	12	76
40 - 49 Jahre	19	18	99	20	28	137	24	22	92	24	25	106
50 - 59 Jahre	16	16	102	15	19	124	17	18	107	22	20	92
60 - 69 Jahre	13	13	98	8	9	109	9	10	110	13	17	130
70 Jahre und älter	19	19	104	6	4	60	7	7	100	16	17	106
Ausbildung:												
Schüler allgemeinbild. Schulen	5	5	97	6	5	81	4	5	111	1	1	44
Haupt-/Volksschule ohne Lehre	13	11	91	4	6	142	8	6	86	16	10	61
Haupt-/Volksschule mit Lehre	31	29	93	19	13	66	26	23	90	41	39	95
weiterf. Sch. ohne Abi, mittl. Reife	30	31	104	33	34	101	40	39	97	32	39	121
Fach-/Hochschulreife ohne Stud.	11	12	107	24	20	84	13	15	113	5	7	143
Fach-/Hochschulreife mit Stud.	10	12	113	13	22	171	10	12	126	5	5	107
Berufstätigkeit:												
in Ausbildung	11	11	98	19	11	60	9	11	122	2	2	68
berufstätig	48	49	103	58	68	119	63	61	98	59	57	97
Pensionär, Rentner	27	27	98	11	9	78	13	13	99	25	28	115
nicht berufstätig, keine Angabe	14	14	97	13	12	93	15	15	97	14	13	92
Beruf des HV (jetzt/früher):												
Selbständ., Freiberufl., Landwirte	8	9	103	14	18	126	10	9	89	4	5	118
leitende Angestellte u. Beamte	10	10	100	19	16	82	11	12	113	6	6	104
sonstige Angestellte u. Beamte	47	48	103	45	46	104	50	52	105	48	49	103
Facharbeiter	21	20	96	13	13	100	20	17	88	28	28	99
sonstige Arbeiter	11	11	96	4	5	110	7	7	93	12	11	92
HH-Netto-Einkommen:												
bis unter 1.000 €	10	8	82	6	4	62	5	5	87	6	8	134
1.000 bis unter 1.250 €	7	7	98	4	2	60	4	4	85	8	7	87
1.250 bis unter 1.500 €	9	9	101	7	6	84	7	7	98	10	11	106
1.500 bis unter 2.000 €	18	17	95	11	13	115	15	16	103	18	20	108
2.000 bis unter 2.500 €	17	17	96	14	12	85	18	15	85	18	20	110
2.500 bis unter 3.000 €	12	12	99	16	13	81	14	14	95	18	11	63
3.000 € und mehr	26	30	113	43	51	119	36	41	112	22	24	108
Konsumkraft:												
oberes Drittel	31	35	112	50	58	114	42	44	105	29	29	100

- Alle für Medien ausgewiesenen Werte beziehen sich auf den Leser pro Ausgabe
- Ein Indexwert von 100 entspricht ma 2011 Pressemedien II

Ein Service der Axel Springer AG - Marktforschung · © Media-Analyse ag.ma Media-Micro-Census 2012

Titelstruktur - Vergleich ma 2012 Pressemedien II zu ma 2011 Pressemedien II
Basis: Frauen (ma 2012 Presse II: 35,85 Mio. / 51,1 % / 19.703 gew. Fälle)

	Basis			ELLE			freundin			Frau im Trend		
	Zusammensetz. %		Verän-derung: Index	Zusammensetz. %		Verän-derung: Index	Zusammensetz. %		Verän-derung: Index	Zusammensetz. %		Verän-derung: Index
	ma 2011 Presse II	ma 2012 Presse II		ma 2011 Presse II	ma 2012 Presse II		ma 2011 Presse II	ma 2012 Presse II		ma 2011 Presse II	ma 2012 Presse II	
Haushaltsgröße:												
1 Person	24	24	101	20	20	98	18	19	103	21	23	112
2 Personen	36	36	101	33	36	111	34	34	101	42	44	105
3 Personen	18	17	98	19	20	107	21	20	99	18	16	88
4 Personen und mehr	22	22	99	29	24	84	27	27	98	20	17	87
Kinder im Haushalt:												
bis unter 2 Jahre	3	3	91	4	4	92	4	4	86	3	2	77
2 bis unter 6 Jahre	8	8	98	7	7	96	10	11	111	9	9	102
6 bis unter 10 Jahre	8	8	99	9	7	82	9	9	100	9	6	68
10 bis unter 14 Jahre	10	10	99	12	8	69	12	11	95	8	8	101
14 bis unter 18 Jahre	14	13	96	17	18	108	16	16	96	11	9	85
bis unter 14 Jahre	21	20	99	23	20	89	26	26	101	20	19	94
Pers. Netto-Einkommen:												
bis unter 750 €	31	28	88	22	20	91	28	26	93	35	30	84
750 bis unter 1.000 €	16	15	96	13	11	88	14	15	105	17	18	106
1.000 bis unter 1.250 €	12	14	109	12	8	65	12	12	101	16	16	99
1.250 bis unter 1.500 €	11	12	110	11	10	88	12	12	97	11	14	123
1.500 bis unter 2.000 €	9	10	117	13	19	152	11	12	108	8	9	120
2.000 € und mehr	6	7	127	11	19	172	8	9	117	3	5	138
kein eigenes Einkommen	15	14	94	18	13	71	16	15	96	10	9	93
BIK-Regionsgrößenklassen:												
bis unter 5.000 EW	5	5	103	4	4	85	5	5	101	4	4	108
5.000 bis unter 20.000 EW	8	9	107	4	5	120	7	8	108	9	7	77
20.000 bis unter 100.000 EW	22	22	97	23	18	76	21	19	93	23	21	90
100.000 bis unter 500.000 EW	30	30	100	29	27	94	32	30	95	28	28	102
500.000 EW und mehr	35	35	100	39	46	118	36	38	107	36	39	110
Nielsengebiete:												
Nielsen 1	16	16	100	21	16	77	15	17	109	18	19	103
Nielsen 2	22	22	100	19	29	149	26	29	112	26	25	96
Nielsen 3a	14	14	100	13	12	90	15	15	105	9	11	115
Nielsen 3b	13	13	100	20	14	70	15	10	68	11	9	82
Nielsen 4	15	15	100	15	17	120	16	16	99	11	15	137
Nielsen 5	4	4	101	5	5	97	3	3	107	7	3	48
Nielsen 6	8	8	99	4	6	137	4	5	105	11	10	88
Nielsen 7	8	8	99	3	1	42	5	4	87	7	9	126
Gebiet:												
Alte Bundesl. ohne Berlin	79	80	100	88	88	100	88	88	100	76	79	104
Berlin	4	4	101	5	5	97	3	3	107	7	3	48
Neue Bundesl. ohne Berlin	16	16	99	8	7	98	9	9	96	18	18	103

- Alle für Medien ausgewiesenen Werte beziehen sich auf den Leser pro Ausgabe
- Ein Indexwert von 100 entspricht ma 2011 Pressemedien II

Ein Service der Axel Springer AG - Marktforschung · © Media-Analyse ag.ma Media-Micro-Census 2012